3030 English 2탄

저자_ 김지완

특별보급판 1판 1쇄 인쇄 _ 2009. 1. 8.
　　　　　1판 3쇄 발행 _ 2009. 5. 11.

발행처_ 김영사
발행인_ 박은주

등록번호_ 제406-2003-036호
등록일자_ 1979. 5. 17.

경기도 파주시 교하읍 문발리 출판단지 515-1 우편번호 413-756
마케팅부 031)955-3100, 편집부 031)955-3250, 팩시밀리 031)955-3111

저작권자 ⓒ 2009 김지완
이 책의 저작권은 저자에게 있습니다. 저자와 출판사의 허락 없이
내용의 일부를 인용하거나 발췌하는 것을 금합니다.

Copyright ⓒ 2009 by Kim Ji Wan
All rights reserved including the rights of reproduction
in whole or in part in any form. Printed in KOREA.

값은 뒤표지에 있습니다.
ISBN 978-89-349-3321-2 18740

독자의견 전화_ 031)955-3200

홈페이지_ http://www.gimmyoung.com
이메일_ bestbook@gimmyoung.com

좋은 독자가 좋은 책을 만듭니다.
김영사는 독자 여러분의 의견에 항상 귀 기울이고 있습니다.

하루 30분씩 30일이면 미국 초등학생처럼 말할 수 있다

3030
삼 공 삼 공
English 2단

김지완 지음

김영사

누구를 위한 책?

이 책은 3030English(1탄)를 열심히 공부하여 미국 유치원생 수준으로 영어를 말할 수 있는 분들을 위해 쓴 책임을 말씀드립니다.

유별난 책?

다른 책들과는 달리 일일이 해야 할 일과 어떻게 해야 할지를 그날그날 말씀드립니다.
그 지시사항을 따르지 않고 독자의 생각대로 학습하면 결과를 보장하지 못합니다.

하지만 저자를 믿고 바보같이 보일지도 모르는 단순한 지시사항을 따른다면 결과를

절대 보장합니다.

과연 이 책은 내 수준에 맞는가?

여기 쉬운 TEST가 하나 있다.
TEST를 해보고 영어가 쉽고 정확하게 나오면 이 책은 당신의 수준에
딱 맞다고 할 수 있다.

하지만!!!
너무 어렵다면 3030English(1탄)를 먼저 공부하라고 권하고 싶다.
반대로 너무 쉽다면 차라리 학원에서 원어민과 프리토킹을 해보라고 권하고 싶다.

그러니까 이 책이 수준에 딱 맞는 분들만 구매했으면 한다.

아래를 영어로 크게 말하시오!

[TEST] 왜 그들은 뉴욕에 머물고 있나요?

쉽게 말이 나오는가?
아니면 버벅거리는가?
혹시 과거에 외웠던 문장인가?

답은 다음 페이지에 있지만 사실 이 답을 종이와 연필을 주고 또 넉넉한
시간을 주고 쓰라고 하면 누구나 쓸 수 있을 것이다.
근데 왜 말을 하려면 나오지 않을까?

왜일까?

영어는 언어고 의사소통을 위한 건데…
문제 풀듯이 쓰라고 시키면 할 수 있고, 말로 하라면 못 하는 이유는 뭘까?

이유는 말로 하는 영어를 배우지 않았기 때문이다.
한국의 영어 교육은 지금까지 눈으로 읽고 이해하기, 문제 풀기 위주였다.

영어로 말하기 그것도 크게 말하기의 중요성을 3030English(1탄)를 보신
독자는 귀에 못이 박히게 들었을 것이다.

이제는 하루 30분씩 30일 뒤에 미국의 유치원생이 아닌
초등학생같이 말할 수 있도록 해보자.

다음 페이지에 TEST 의 답이 나와 있다.

답은 Why are they staying in New York?

쉬운 문장이지만 입으로는 쉽게 나오지 않는다.

3030English는 절대로 어려운 책이 아니다.
1탄을 보신 분은 이미 알고 있을 것이다.
3030English는 단지 적어도 하루에 30분씩 영어로 말하기를
시켜주는 책이다.

영어는 언어다. 언어의 첫째 목적은 의사소통이다.
말을 해보자. 그것도 크게 해보자.

3030English 김지완을 믿고 따라해보자.

도움도 되지 못할 책이라면 쓰지 않았을 것이다.
이미 많은 독자들이 3030English를 만나서 영어에 자신감을 얻었다.

이제는 당신의 차례이다.

그리고 딱 30일 뒤에 **미국의 초등학생같이만 말하자!!!**

CONTENTS

Intro

게임의 법칙

보증서

1일차	1탄 테스트 및 총 복습	14
2일차	난 농구하기를 좋아한다.	20
3일차	나는 뚱뚱하다. 하지만 다이어트하는 것을 좋아하지 않는다.	26
4일차	나는 야구를 하고 싶다.	32
5일차	너는 무엇을 하기를 원하니?	38
6일차	나는 꼭 이겨야 한다.	44
7일차	나는 밤에 달리는 것을 좋아한다.	50
8일차	그는 학생이 되고 싶다.	56
9일차	난 너와 스타크래프트 하는 것을 좋아한다.	62
10일차	나는 천재임이 틀림없어.	68
11일차	내가 내일 몇 시에 너한테 전화해도 돼?	74
12일차	나는 검사가 될 거야.	80
13일차	너 이거 어디서 샀니? 나도 사고 싶어.	86
14일차	나는 그녀보다 뚱뚱하다.	92
15일차	나는 너보다 더 뚱뚱해질 것이다.	98

16일차	난 너를 사랑하지만 너를 용서할 수는 없어.	104
17일차	너 뭐 하는 중이니?	110
18일차	나의 집은 J집 옆에 있다.	116
19일차	그들은 싸우고 있다. 그들을 말려!	122
20일차	나는 하루에 4끼씩 먹곤 했었다.	128
21일차	나는 그녀와 데이트하는 것이 좋다.	134
22일차	제가 여기 앉아도 되겠습니까?	140
23일차	우리 그의 집에서 잘까요?	146
24일차	난 야구를 해본 적이 있다.	152
25일차	나는 어제 3권의 책을 읽었지만 피곤하지 않다.	158
26일차	고등학교 친구 사야카와의 대화	164
27일차	마틴 가족과의 전화 통화	170
28일차	J, 해로즈 백화점에 가다.	176
29일차	J와 마크의 종교에 대한 대화	182
30일차	영어 강사 보나와의 대화	188

Outro

INTRO

3030English의 팬 여러분 정말 감사드립니다.

독자들이 3030English를 읽고 보내주신 이메일과 영어 교육 관계자들이 조언해 주신 3030English의 특징은 아래와 같습니다.

3030English(1탄)의 특징

1. 드물게 끝까지 볼 수 있는 책이다.
2. 정말 영어로 말문이 열렸다.
3. 너무나 쉽고 재미있다.
4. 책값이 아깝지 않다.

우리 독자들은 그동안 큰맘 먹고 영어 회화책 한 권 사서 처음 몇 페이지 보다가 덮어버리기 일쑤였다. 그리고 실망하곤 하였다. 자기가 끈기가 없다고. 자기가 부족하다고. 아니!!! 그건 사실이 아니라고 말하고 싶다. 영어 회화책도 소설책처럼 보면 볼수록 빠져들어야 한다. 그리고 그것은 바로 저자의 몫이다.

나는 3030English(1탄)를 쓸 때도 그랬지만 이번 2탄을 쓰면서도 역시 정말 도움이 되고 재미있는 책을 쓰고자 하였다. 2탄을 원하고 기다리는 기존 3030English(1탄) 독자들을 감동시키고 독자들의 필요를 충족시키기 위하여 1탄에서 얻은 피드백을 반영하고자 많은 노력을 하였다고 감히 말하고 싶다.
3030English(1탄)는 획기적인 방법으로 영어 때문에 고생하시는 많은 분들의 입을 열어주는 역할을 하였다.

2탄은 그 수준을 자연스럽게 올려드리는 데 초점을 맞추었다.

'김지완식 영어 말하기'의 과학적인 근거

두뇌에는 지식을 담당하는 대뇌 신피질과 체험을 담당하는 대뇌 변연계가 있다. 각각 머리의 다른 부분에 위치하고 있는데 영어로 말하기는 변연계의 몫이다.

수영을 10년 공부하여 박사 학위까지 가지고 있다 해도, 실제로 수영을 해보지 않았다면 실전에서는 물에 빠질 것이다. 마찬가지로 영어를 10여 년 공부(신피질)해도 '영어 말하기 체험(변연계)이 없다'면 막상 외국인을 만났을 때 말이 나오지 않는다는 것이다.

영어도 수영과 같다.

근육을 키운다는 개념으로 접근해야 하는 것이다. 근육은 쓸수록 발달하듯이 영어도 실제 체험, 즉 입을 열어 큰소리로 말하기를 해봐야만 영어 근육이 자랄 수 있는 것이다. 스스로에게 물어보라. '나는 영어 근육을 키우는 데 시간을 투자했는가?' 영어는 머리로 이해하고 알고 있다고 해서 입으로도 말할 수 있는 그런 게 아니다.

듣고 읽고, 써보기만 해서는 영어를 말할 수 없는 것이다.
잘 듣고자 하면 듣기 훈련을 해야 하고, 독해를 잘하려면 많이, 정확히 읽어야 하듯, 영어로 말을 하려면 끊임없이 말하기 연습을 해야 한다.

이제 말하기를 시작해 보자!!

게임의 법칙

우선 아래 시키는 대로 진지하게 해보자.
하루 해보고 "뭐가 이렇게 쉬워!" 하지 말자.
고수는 절대 어렵게 가르치지 않기 때문이다.

1. 먼저 초등학교 수준의 한국말이 있다.
   그 말을 단순한 영어로 바꾸어 말하자.
2. 절대 필기도구는 사용하지 말고 입으로만 말하자.
3. 다음 페이지로 넘기면 방금 앞에서 나왔던 한국말에 해당하는 영어가 나와 있다. 그냥 눈으로 읽고 넘어가지 말고 꼭 큰소리로 읽어보자.
4. 큰소리로 분명하고 거리낌없이 읽고 난 뒤, 테이프를 들으면서 원어민처럼 말해보자.

이 책은 마치 내가 강의하듯이 썼다. 내 평소 강의 습관대로 20분은 영어로 말하는 데 할애하고 나머지 10분은 나의 입담이다.
단 1탄과 다른 점이 있다면 10분 입담에 해당하는 부분을 약간 어려워진 내용 설명이나 문법적인 요소 설명에도 할애했다는 점이다.

가벼운 마음으로 소설책 보듯이
책장을 넘기자!!

보증서

30일 동안 매일 30분씩 책 사용법과 동일하게 말했음에도
불구하고 미국 초등학생같이 영어가 나오지 않는 분이 계시다면

구입한 이 책의 가격 중 저자가 받는 인세를 돌려드리겠다.
이건 저자의 솔직하고 진지한 약속이다.

나는 첫 강의 때 항상 습관처럼 말하는 게 있다.
"열심히 하지 않으려면 다른 강사의 수업을 들으세요!
하지만 열심히 하시면 그 결과는 제가 보장합니다"
"한마디로 자신있다는 이야기입니다."

마찬가지로
열심히 할 것이 아니면 다른 책을 사 보라고 권하고 싶다.

인세를 돌려받으실 분이나 감사의 마음을 표현하실 분은(ㅋㅋㅋ)
꼭 이메일 보내주세요.
saintjee@hanmail.net

DAY-1 일차

첫날은 3030English(1탄)에서 공부한 문장들만 가지고 시작합니다.
말해보고 빠르고 정확하게 말이 나오지 않는다면 먼저 3030English(1탄)를
보시길 바랍니다. **기초를 건너뛸 순 없으니까요.**
특히 현재형과 현재진행형이 헷갈린다든지 이런 경우에는 당연히
1탄을 먼저 보기 바랍니다.
보기만 하지 말고 잘 알고 있듯이 큰소리로 말해보길 바랍니다.

자, 그럼 즐겁고 신나는 강의를 시작해 볼까요?

주의사항 :
이 책은 절대 절대 절대 문제집 풀듯이 연필로 쓰면서 공부하면 안 된다.
필기도구는 던져버리자. 오직 큰소리로 말하자!
싸움이라도 할 기세로 **크게 크게 말하자!**

DAY-1 다음 우리말을 영어로 크게 말해보자!

1. 나는 어렸을 때 뚱뚱했었다. 하지만 지금은 말랐다.
2. 너는 야구를 싫어하잖아. 근데 왜 어제는 야구를 했니?
3. 나는 내일 학교에 갈 거야. 너도 갈 거니?
4. 그녀는 나를 사랑하지만 그녀는 나를 떠날 거야.
5. 너 왜 내 라면 먹었니?
6. 너무 춥다. 뛰자!
7. 어렸을 때 나는 좋은 학생이었다.
8. 너는 왜 한국에 사니?
9. 나는 농구하는 중이야. 너 농구할 수 있니?
10. 나는 차가 있어. 하지만 나는 걸어서 학교에 갈 거야.
11. 나는 어제 5권의 책을 읽었다. 하지만 피곤하지 않다.
12. 넌 누구의 라디오를 고쳤니? 마이클의 것이니?
13. 너 어디서 그녀를 만났니? 클럽에서?
14. 난 어제 너한테 5번 전화했었어.
15. 나는 어제 2번 샤워했다.
16. 난 너를 사랑해. 나랑 사귈래?
17. 너 어제 10시에 뭐 하고 있었어?
18. 나는 항상 바쁘다. 그래서 나는 성공할 것이다.

> 말이 잘 나오지 않는다면…
> 1탄을 열심히 하지 않았거나 너무 오래 쉬었단 뜻이다. 즉 다시 1탄을 복습해야만 한다.

DAY-1

한국말이 다소 어색하게 느껴졌을지도 모른다! 어린아이들의 대화체라고 생각하자! 그러면 **말이 쉬워진다.**

1. I was fat when I was young, but I am thin now.
2. You hate baseball, then why did you play baseball yesterday?
3. I will go to school tomorrow. Will you go, too?
4. She loves me, but she will leave me.
5. Why did you eat my noodles?
6. It's too cold. Let's run!
7. When I was young, I was a good student.
8. Why do you live in Korea?
9. I am playing basketball. Can you play basketball?
10. I have a car, but I will walk to school.
11. I read 5 books yesterday, but I am not tired.
12. Whose radio did you fix? Was it Michael's?
13. Where did you meet her? At the club?
14. I called you 5 times yesterday.
15. I took a shower twice yesterday.
16. I love you. Will you go out with* me?
17. What were you doing at 10 yesterday?
18. I am always busy. So I will be successful.

> 영어 표현들은 그냥 보고 아 이게 답이구나 하고 넘어가라고 적어 놓은 게 아니다 꼭 큰소리로 따라 읽어보아야 한다. ★go out with=~와 사귀다

DAY-1
크게 말하자!

아래 문장들 역시 영어로 크게 말해보자. 틀려도 좋다!

1. 나와 함께 있어줘. 난 니가 필요해.
2. 뛰자! 우리 늦었어.
3. 어떤 사이즈가 있나요? 중간사이즈 있나요?
4. 왜 TV를 보고 있니? 넌 밤에 TV를 볼 수 없잖아.
5. 나는 어제 슈퍼에서 그녀를 보았다.
6. 그들은 야구를 하는 중이다. 너도 할 수 있어.
7. 넌 어떤 종류의 음악을 좋아하니?
8. 그녀는 왜 너를 좋아할까? 너는 바람둥이잖아.
9. 너 지난주에 연습했니? 나는 안 했어.
10. 그는 어디에 살아? 서울?
11. 나는 아퍼. 난 학교에 갈 수 없어.
12. 이거 누구의 책이야? 이거 비싼 책인데.
13. 실례합니다. 이거 얼마예요?
14. 그녀는 똑똑하다. 하지만 그녀는 공부를 안 한다.
15. 내가 내일 몇 시에 너한테 전화해도 돼?
16. 나는 다이어트 중이야. 그래서 나는 피자를 먹을 수 없어.
17. 너 내일 뭐 할 거니? 난 스타크래프트 할 건데.
18. 나는 3030English를 사랑해. 넌?

> 잘 생각해보길 바란다. 10년 이상 영어 교육을 받고도 이런 문장들을 쉽게 말하지 못하는 자신이 이상하지 않은가?

DAY-1

다시 말한다. 아래는 답안지가 아니다.
여러분이 감정을 실어 읽어야 하는 "대사"이다.

1. Stay with me. I need you.
2. Let's run! We are late.
3. What size do you have? Do you have a medium?
4. Why are you watching TV? You can't watch TV at night.
5. I saw her at the supermarket yesterday.
6. They are playing baseball. You can play, too.
7. What kind of music do you like?
8. Why does she like you? You are a playboy.
9. Did you practice last week? I didn't.
10. Where does he live? Seoul?
11. I am sick. I can't go to school.
12. Whose book is this? This is an expensive book.
13. Excuse me. How much is this?
14. She is smart, but she doesn't study.
15. What time can I call you tomorrow?
16. I am on a diet. So I can't eat pizza.
17. What will you do tomorrow? I will play Starcraft.
18. I love 3030English. How about you?

> 자 이 문장들의 발음이 궁금한가? 지금은 무조건 말하고 본다. 그리고 나서 마지막으로 테이프를 들으면서 연습한다.

여우를 한국에 보낸다구요?

영국에서 고등학교를 다니다가 미국의 대학에 처음 갔을 때의 일이다.
기숙사에 도착하여 짐을 풀고 쉬고 있을 때 한국에 팩스를 하나 보낼 일이 생겼다.
그래서 난 기숙사 사무실로 곧장 갔다. 그리곤 무뚝뚝하고 투박한 영국 발음으로 기숙사 사감에게 물었다.

J : Can I send a fax to Korea?
사감 : What? (어이없다는 표정으로)

난 당황했다. 이렇게 간단한 말을 했는데도 못 알아듣다니! 도저히 이해가 되지 않았다.
하지만 곧 그 이유를 알아차렸다. 영국에서는 A를 "아" 소리에 가깝게 발음하는 반면 미국에서는 A는 "애"로, 그리고 O를 "아"로 발음한다. 즉, 그녀는 내가 갑자기 내려와서 "팍스" 즉 "여우"를 한국으로 보내도 되냐고 물어서 당황한 것이었다. 그래서 바로 난 미안하다는 말과 함께 다시 말했다.

캔 아이 센드 어 팩스? (팍스가 아닌 팩스로)
발음 하나 차이로 뜻이 이렇게 다를 수도 있다니!!!

DAY-2 일차

이제 복습은 끝났다.

오늘부터는 **새로운 표현**들을 배워보자.

앗! 실수했다. '배워보자' 가 아니다. '말해보자' 이다. 이미 여러분이 문법상으로는 다 배웠던 내용들이다. 하지만 말해보지 않았을 뿐이다. 오늘 말해볼 표현은 **"무엇 하기를 좋아한다"** 라는 표현이다.

예를 들어 "나는 달리기를 좋아한다"는 I like to run.

기억하자. **like to** + 동사원형 = 무엇 하기를 좋아한다.

DAY-2

아주 크게 말해야 한다. 하루차가 끝날 때마다
목이 아플 정도여야 한다.

1. 나는 농구하기를 좋아한다.
2. 그녀는 싸우는 것을 좋아하지 않는다.
3. 너는 뭐 하는 걸 좋아하니?
4. 왜 그들은 뛰는 걸 좋아하니?
5. 그는 공부하기를 좋아하지 않는다.
6. 그는 어디 가는 걸 좋아하니?
7. 왜 너는 요리하는 걸 좋아하니?
8. 그들은 TV 보는 것을 좋아하지 않는다.
9. 나는 너와 말하는 것을 좋아하지 않는다.
10. 그녀는 책 읽기를 좋아한다.
11. 그녀는 친구들의 주소 외우는 것을 좋아한다.
12. 나는 노래 부르는 것을 좋아하지 않는다.
13. 그들은 어떻게 학교에 가는 것을 좋아하니?
14. 너는 누구와 살기를 좋아하니?
15. 그는 편지 쓰는 것을 좋아한다.
16. 너는 그를 도우는 것을 좋아하니?
17. 너는 언제 저녁 먹기를 좋아하니?
18. 그녀는 어디에 살기를 좋아하니?

크게 말했는가? 아니라면 다시 말해봐야 한다. 작게 하면 소용없다!!!

DAY-2

한국말을 영어로 바꿔 말할 때 한 번, 아래 영어를 따라 읽을 때 한 번 이렇게 **최소한 두 번은 말하자.**

1. I like to play basketball★.
2. She doesn't like to fight.
3. What do you like to do?
4. Why do they like to run?
5. He doesn't like to study.
6. Where does he like to go?
7. Why do you like to cook?
8. They don't like to watch TV.
9. I don't like to talk to you.
10. She likes to read books.
11. She likes to remember her friends' address.
12. I don't like to sing.
13. How do they like to go to school?
14. Who do you like to live with?
15. He likes to write letters.
16. Do you like to help him?
17. When do you like to eat dinner?
18. Where does she like to live?

★ '운동을 하다' 라고 말할 때 운동 종목 앞에는 the나 a 같은 관사는 붙지 않는다.
play soccer, play rugby, play hockey처럼 play 다음에 바로 운동 종목이 온다.

DAY-2 현재형뿐만 아니라 과거형에도 LIKE TO를 넣어서 말해보자.

1. 그는 어렸을 때 야구하는 것을 좋아했다.
2. 그는 어디서 점심 먹는 것을 좋아했니?
3. 나는 공부하는 것을 좋아하지 않아.
4. 너는 그와 싸우는 걸 좋아하지 않았어.
5. 우리는 작년에 어디서 만나는 걸 좋아했었지?
6. 그녀는 나와 사귀는 것을 좋아하지 않았다.
7. 나는 너와 말다툼하는 게 좋지 않았어.
8. 그들은 누구와 협상하기를 좋아했니?
9. 우리들은 학교에서 말다툼하는 걸 좋아하지 않았다.
10. 그들은 시험 보는 것을 좋아했다.
11. 어렸을 때 나는 인생을 즐기는 것을 좋아했다.
12. 그는 그의 휴대전화 사용하는 것을 좋아했다.
13. 왜 그녀는 너랑 사귀기는 걸 좋아했니?
14. 그는 작년에 야구하기를 좋아하지 않았다.
15. 지난주에 그녀는 나를 보는 것을 좋아하지 않았다.
16. 왜 그들은 가라오케에서 노래하는 것을 좋아했니?
17. 그들은 지난달에 산에 오르는 것을 좋아했다.
18. 니는 작년에 컴퓨터 고치는 것을 좋아했다.

> 'liked to+동사원형'은 과거에 무엇무엇 하는 것을 좋아했었다란 표현이다.

DAY-2

긴 문장들은 빨리 말하기 어려울 것이다. 당연하다!
천천히 말해도 좋다. 크게 자신있게만 말하자!

1. When he was young, he liked to play baseball.
2. Where did he like to have lunch?
3. I didn't like to study.
4. You didn't like to fight with him.
5. Where did we like to meet last year?
6. She didn't like to go out with me.
7. I didn't like to argue with you.
8. Who did they like to negotiate* with?
9. We didn't like to argue in school.
10. They liked to take exams*.
11. When I was young, I liked to enjoy my life.
12. He liked to use his cell phone*.
13. Why did she like to go out with you?
14. He didn't like to play baseball last year.
15. She didn't like to see me last week.
16. Why did they like to sing in karaoke?
17. They liked to climb mountains last month.
18. I liked to fix computers last year.

★ negotiate
 = 협상하다

★ take an exam
 = 시험을 보다

★ cell phone
 = mobile phone
 = 휴대폰

3030English에 숨겨진 비밀???

이렇게 공부해서 영어가 될까 회의가 든다면 우선 저자의 의도대로 3일차까지만 열심히 해본 후에 판단하자! 3030English는 전무한 저자 인지도에도 불구하고 출간 즉시 교보문고, 영풍문고 베스트셀러가 됐고 또 지금은 입소문의 힘으로 각 서점의 스테디셀러로 자리잡았다. 그럼 이 3030English에는 영어로 말하기를 기적처럼 도와주는 비밀이 있는가?

특별한 비밀은 없다.
누구나 어떤 선생님하고나 **큰소리로 자신있게 그리고 지속적으로 하루에 30분씩** 영어로 말하면 영어는 늘 수밖에 없다. 이건 마치 2+3=5라는 단순한 공식과 같다. 다시 강조하고 싶다. 이렇게 강조하는 이유는 책에 쓸 내용이 없어서가 아니라 너무나 중요하기 때문이다. 큰소리로 자신있게 또 생각을 깊게 하지 말고 동물적으로 리듬을 타서 영어로 말해보자. 흥에 겨워 영어를 말해보자!!!

DAY-3일차

오늘은 1일차에 나왔던 문장들과 2일차에 나왔던 **문장들을 모두 섞어서 말해보자.**
1탄을 본 사람들이라면 알겠지만 이것이 **3030English**의 패턴이다.
새로 배운 내용은 그 후로도 계속 나온다.
즉 어휘력이 차근 차근 Step-by-Step으로 느는 것이다.
지금 내가 말한 내용을 깊이 생각할 필요는 없다. 우리가 해야 할 일은 단 하나이다.
무식하게 큰소리로 말하는 것이다.
틀려도 상관없다. 어려우면 다시 한번 해보자!!

DAY-3

어떤 시제를 써야 할지 한참 생각하는 수준이라면
1탄을 다시보는 것을 심각하게 고려해 보길 바란다.

1. 나는 뚱뚱하다. 하지만 다이어트하는 것을 좋아하지 않는다.
2. 비가 온다. 뛰어!
3. 그녀는 착해. 그녀랑 사귀어!
4. 어제는 눈이 왔다. 그래서 나는 스키 타러 갔어.
5. 우리는 그것을 할 수 있어. 열심히 노력하자!
6. 나는 배가 고파. 하지만 점심을 먹지 않겠어.
7. 그들은 가난하다. 난 그들을 위해 기도하는 것을 좋아한다.
8. 엄마는 나를 사랑하신다. 나는 엄마가 그립다.
9. 나는 책 읽기를 좋아해. 조용히 해!
10. 나는 야구하는 것을 좋아했었어. 하지만 지금은 아냐.
11. 나는 그녀와 점심 먹는 것을 좋아한다.
12. 오늘은 덥다. 샤워나 하자!
13. 나 아파. 병원이 어디야?
14. 그녀는 요리하는 것을 좋아한다.
15. 너는 왜 혼자 공부하는 것을 좋아하니?
16. 너는 몇 시에 일어나니?
17. 그들은 무슨 시험을 보았니?
18. 그들은 어떤 요리하는 것을 좋아하니?

> 1탄을 착실히 또 쉽다고 무시하지 않고 본 독자에게는 별로 어렵지 않으리라는 생각이 된다.

3030은 솔직한 책이다.
자신의 실력은 본인이 더 잘 알 것이다. 어떤가?

1. I am fat. But I don't like to go on a diet.
2. It's raining. Run!
3. She is kind. Go out with her!
4. It snowed yesterday. So I went skiing.
5. We can do it. Let's try hard.
6. I am hungry. But I won't have lunch.
7. They are poor. I like to pray for them.
8. My mom loves me. I miss her.
9. I like to read a book. Be quiet!
10. I liked to play baseball. But I don't now.
11. I like to eat lunch with her.
12. It's hot today. Let's take a shower.
13. I am sick. Where is the hospital?
14. She likes to cook.
15. Why do you like to study alone*?

★ alone
=혼자서

16. What time do you get up?
17. What exam did they take*?
18. What do they like to cook?

★ take an exam=take a test=시험을 보다

DAY-3

성격이 내성적이더라도 영어를 할 때만은
얼굴에 철판을 까세요!

1. 나는 그녀에게 전화하기를 좋아한다.
2. 나는 농구하는 것을 좋아하지 않는다.
3. 너 어디야? 난 니가 보고 싶어.
4. 너 어제 몇 시에 일어났니?
5. 그녀는 교회에 가는 것을 좋아한다.
6. 그는 담배 피는 것을 좋아하지 않는다.
7. 그녀는 왜 그렇게 부자야?
8. 너 어제 그녀를 보았니? 그녀는 어땠어?
9. 그들은 어제 학교에 오지 않았다.
10. 나는 여름에 수영하는 것을 좋아해.
11. 그들은 공부하는 중이야. 나는 그들을 도울 거야.
12. 그녀는 똑똑해. 나는 그녀와 말하는 것이 좋아.
13. 우리는 널 좋아해.
14. 3030English는 베스트셀러다.
15. 나는 클럽에 가는 것을 좋아한다.
16. 그녀는 춤추는 것을 좋아하지 않았다.
17. 우리는 거짓말하는 것을 싫어해.
18. 너는 무엇을 할 수 있니?

> 언어를 빨리 배우려면 사교적이고 활발해야 한다. 아니면 최소한 뻔뻔해지려고 노력해야 한다.

DAY-3

혹시 필기도구를 들고 계신 분? 사전을 옆에 펴 놓은 분? 둘 다 필요없습니다. 오직 **입만 있으면 됩니다.**

1. I like to call her.
2. I don't like to play basketball.
3. Where are you? I miss* you.

   ★ miss
   =보고 싶어하다

4. What time did you get up yesterday?
5. She likes to go to church.
6. He doesn't like to smoke.
7. Why is she so rich?
8. Did you see her yesterday? How was she?
9. They didn't come to school yesterday.
10. I like to swim in summer.
11. They are studying. I will help them.
12. She is smart. I like to talk to her.
13. We like you.
14. 3030English is a bestseller.
15. I like to go to clubs*.
16. She didn't like to dance.

    ★ club=클럽
    (나이트클럽)

17. We don't like to tell a lie.
18. What can you do?

3030에 나오는 우리말이 너무 어색합니다?!

본인도 동의한다. 영어로 바꿔 말하기 쉽게 '영어식 한국어'로 곧이곧대로 옮겨놓았기 때문이다. 영어 방식으로 그리고 쉽게 생각하는 것을 도와드리기 위해서다.

가령 '좋아하지 않는다'를 '싫어한다'라는 간단한 한 마디 말로 바꾸면 자연스럽겠지만 그렇게 하면 '싫어하다'라는 단어를 생각하지, like에 not을 붙이는 방법이 있다는 것에 얼른 생각이 미치지 않는다. 그런 경우에 hate란 단어를 모르면 말문이 막혀버린다. 그러나 like, 그 다음에는 don't like 혹은 doesn't like를 익혀 두면 나중에 '싫어한다'가 나와도 hate가 생각 안 나면 don't like로 말하게 된다. 즉, 응용력이 생기는 거다.
모르는 단어라고 입다물 게 아니라, 알고 있는 단어로 말하려고 궁리해 보는 것이 중요하다.

기억하자. 외워서 말하는 것은 50점이다. 100점은 만들어 말하기다.

모르면 다시 말해보자!!
창작하자!!

DAY-4 일차

오늘은 like to의 누나 뻘쯤 되는 **want to**를 사용하여 말해보자.
"무엇하기를 좋아한다"가 아니라 이번에는 **"무엇하기를 원한다, 무엇하고 싶어하다"**를 말하는 연습이다.

want to의 문장에서의 활용 방법은 like to와 동일하다.

크게 말하기, 자신있게 말하기는 오늘도 또 내일도 여러분이 영어로 더 이상 말할 필요가 없는 날까지 적용됨을 잊지 말자!!

DAY 4 말하지 않고 눈으로만 읽는 독자가 있다면
차라리 이 책을 더 이상 보지 말라고 권하고 싶다!!

1. 나는 야구를 하고 싶다.
2. 그들은 학교에 가기를 원치 않는다.
3. 그녀는 어디서 점심 먹기를 원하니?
4. 나는 너와 사귀고 싶다.
5. 그들은 일본어 공부하기를 원하지 않는다.
6. 왜 그들은 그들의 차를 바꾸고 싶어하니?
7. 그녀는 요리하고 싶어하지 않는다.
8. 우리는 싸우는 걸 원치 않는다.
9. 그녀는 나와 결혼하고 싶어해.
10. 너는 어떤 종류의 음악을 듣고 싶니?
11. 그는 어디서 살기를 원하니?
12. 그들은 노래하고 싶어한다.
13. 너는 나와 살고 싶지 않아.
14. 나는 너를 위해 기도하고 싶다.
15. 너는 그에게 편지 쓰기를 원하니?
16. 우리는 너희들과 협상하기를 원치 않는다.
17. 왜 너는 날 떠나길 원하니?
18. 그들은 3030English를 공부하고 싶어한다.

> like to와 같은 방법이므로 쉬울 것이다. 하지만 이제 앞으로 배울 어려운(?) 표현들과 섞이면 헷갈릴 수 있으므로 지금부터 부지런히 완벽해질 때까지 말해보자.

DAY-4

다시 강조한다 아래는 답지가 아니다.
눈으로 읽지 말고 소리내어 말하자!

1. I want to play baseball.
2. They don't want to go to school.
3. Where does she want to eat lunch?
4. I want to go out with you.
5. They don't want to study Japanese.
6. Why do they want to change their car?
7. She doesn't want to cook.
8. We don't want to fight.
9. She wants to marry* me.

★ marry
=결혼하다

10. What kind of music do you want to listen to?
11. Where does he want to live?
12. They want to sing.
13. You don't want to live with me.
14. I want to pray for you.
15. Do you want to write to him?
16. We don't want to negotiate* with you.

★ negotiate
=협상하다

17. Why do you want to leave me?
18. They want to study 3030English.

다만 크고 자신있게 말하면 만사 OK!

어떤 자세로 또 어디에서 이 책을 사용해도 좋다.

1. 작년에 그녀는 나와 사귀고 싶어하지 않았다.
2. 나는 어제 야구하고 싶었다.
3. 너는 왜 지난주에 축구하고 싶어했어?
4. 그는 점심을 먹고 싶어하지 않았다.
5. 우리들은 TV를 보고 싶었다.
6. 너희들은 집에 있고 싶어하지 않았다.
7. 나는 싸우고 싶지 않았어.
8. 너는 뭘 먹기를 원했니?
9. 그들은 어디서 살기를 원했니?
10. 그녀는 컴퓨터 고치기를 원하지 않았다.
11. 그는 학교에 가기를 원치 않았다.
12. 나는 너를 사랑하고 싶지 않았다.
13. 그들은 울고 싶지 않았다.
14. 너는 나를 때리고 싶어했다.
15. 그녀는 어디서 그걸 팔기를 원했니?
16. 우리는 너희들과 싸우기를 원치 않았다.
17. 그녀는 나를 포옹하기를 원했다.
18. 왜 너는 그녀와 헤어지고 싶어했니?

> 약간 지루하다고 생각하시는 분들도 계실 것이다. 하지만 미래에 영어로 유창하게 말할 자신의 모습을 그리며 화이팅!!

DAY-4

영어로 말하는 것에 점점 재미를 느끼는가? 재미있다고
하루에 3~4과씩 나가지 말기를…

1. She didn't want to go out* with me last year.
2. I wanted to play baseball yesterday.
3. Why did you want to play soccer last week?

★ go out with
= ~와 사귀다

4. He didn't want to eat lunch.
5. We wanted to watch TV.
6. You didn't want to stay home.
7. I didn't want to fight.
8. What did you want to eat?
9. Where did they want to live?
10. She didn't want to fix the computer.
11. He didn't want to go to school.
12. I didn't want to love you.
13. They didn't want to cry.
14. You wanted to hit me.
15. Where did she want to sell it?
16. We didn't want to fight with you.
17. She wanted to hug me.
18. Why did you want to break up with* her?

★ break up with
= ~와 헤어지다

우리 최배달 선생님께서 말씀하신 것처럼

"안 된다고 하지 말고 아니라고 하지 말고 긍정적으로!"
그렇다. 지금 독자가 중,고등학생이 아니라면 그 동안 영어 때문에 좌절이 많았을 것이다. 그렇게 수많은 책들에 속았음에도 이렇게 또 희망을 가지고 공부하는 여러분에게 진정 박수를 보낸다. 그리고 이번엔 속지 않을 것이라고 약속한다.
장담컨대, 현존하는 영어 교육 방법 중에는 가장 효율적이고 정확한 방법으로 여러분은 현재 영어 공부를 하고 있다. 포기만 하지 않으면 실력은 자기 자신이 만족할 정도로 향상 될 것이다. 다시 한번 최배달 선생님을 생각하며 **"안 된다고 하지 말고 아니라고 하지 말고 긍정적으로!"**
장담한다. 만약 지금 현재 너무 수준이 어렵다 싶으면 1탄을 다시 그것도 여러 번 말해보길 바란다. 이 책이 짜증날 정도로 힘들다면 수준을 다시 낮춰서라도 중간에 포기하는 일이 없었으면 하는 바람에서 하는 말이다.

DAY-5 일차

또 다시 돌아왔다!!! 지금까지 말해본 거 **다 섞어 말하는 시간.**
기억하길 바란다. 자주는 아니지만 미국인들도 막 말을 하다 보면 시제가 뒤엉켜
나오는 경우가 있다. 그러니까 여러분들이 가끔 틀리는 것은 전혀 이상한 일이 아니다.
조금 틀리더라도 자꾸 말해보면 자기도 모르는 사이에 영어 실력이 향상될 것이다.
하루차를 꼭 하루 한번만 하는 것은 아니다.
어렵다 싶으면 **하루 3번 3일 동안이라도 말해서**
입에 익히도록 하자.

DAY-5
지금은 영작 시간이 아니다.
신나게 영어로 떠드는 시간!!

1. 너는 무엇을 하기를 원하니?
2. 그들은 뛰는 중이다. 하지만 나는 뛸 수 없다.
3. 나는 사랑하는 것이 좋다.
4. 너는 왜 나랑 사귀기를 원하니?
5. 그들은 나를 사랑한다. 하지만 나는 그들이 싫다.
6. 나는 너와 살고 싶지 않아.
7. 비가 온다. 나는 라면이 좀 먹고 싶다.
8. 나는 어제 7시에 그녀와 드라이브하러 갔었다.
9. 그들은 너무 많이 먹는다. 그래서 그들은 뚱뚱하다.
10. 이것은 좋은 침대다. 그래서 난 이 침대에서 자고 싶다.
11. 그는 나쁜 사람이다. 나는 그와 결혼하고 싶지 않다.
12. 넌 몇 시에 학교에 가니?
13. 넌 몇 시에 학교에 가고 싶니?
14. 넌 몇 시에 저녁 먹는 게 좋니?
15. 그들은 부지런하다. 그들은 일하기를 좋아한다.
16. 난 너를 알아. 넌 할 수 있어.
17. 나를 믿어! 난 너를 돕고 싶어.
18. 너는 나랑 헤어지고 싶니?

> 영어는 결코 생각만으로 늘 수 있는 과목이 아니다. 말해보아야 한다.

DAY-5

발음을 잘 모르겠으면 테이프를 들어보아라.
테이프를 듣고 따라해보길 바란다.

1. What do you want to do?
2. They are running. But I can't run.
3. I like to love.
4. Why do you want to go out with me?
5. They love me. But I don't like them.
6. I don't want to live with you.
7. It's raining. I want to eat some instant noodles*.
8. I went for a drive* with her at 7 yesterday.
9. They eat too much. So they are fat.
10. This is a good bed. So I want to sleep on this bed.
11. He is a bad person. I don't want to marry him.
12. What time do you go to school?
13. What time do you want to go to school?
14. What time do you like to eat dinner?
15. They are diligent. They like to work.
16. I know you. You can do it.
17. Believe me! I want to help you.
18. Do you want to break up with me?

★ instant noodle
= 라면

★ go for a drive
= 드라이브하러 가다

DAY-5
테이프를 듣고 따라할 때는
원어민의 성대 모사를 한다는 생각으로…

1. 그들은 어제 우리집에 오고 싶어했다.
2. 너무 덥다. 물 좀 마시자.
3. 넌 몇 시에 나에게 전화하고 싶니?
4. 나는 싸움하는 걸 좋아하지 않는다.
5. 어제는 눈이 왔다. 너무 추웠다.
6. 그는 너와 야구하길 원할 것이다.
7. 그녀는 학교에 어떻게 가니? 그녀는 걷는 것을 좋아해?
8. 그는 기차 타는 것을 좋아한다.
9. 그녀는 어제 어디에 갔었니?
10. 오늘 비가 올 거야. 우산 가져가.
11. 나는 그들에게 전화하고 싶지 않아.
12. 너 어제 왜 늦게 일어났니?
13. 나는 다시는 널 보고 싶지 않아.
14. 나는 너와 걷는 것을 좋아한다.
15. 그녀는 어디서 맥주 마시는 걸 좋아하니?
16. 너 왜 그렇게 화났었니?
17. 나는 모기 죽이는 걸 좋아하지 않는다.
18. 그녀는 나와 공부하는 것을 좋아한다.

> 원어민의 발음을 최대한 똑같이 따라하다 보면 점점 발음이 좋아지는 것을 느낄 것이다.

DAY-5
테이프를 들어보신 분은 알겠지만
J의 목소리는 참 감미롭다. ㅋㅋㅋ

1. They wanted to come to our house yesterday.
2. It's too hot. Let's drink some water.
3. What time do you want to call me?
4. I don't like to fight.
5. It snowed yesterday. It was too cold.
6. He will want to play baseball with you.
7. How does she go to school? Does she like to walk?
8. He likes to take a train.
9. Where did she go yesterday?
10. It will rain today. Take an umbrella with you.
11. I don't want to call them.
12. Why did you get up late yesterday?
13. I don't want to see you again.
14. I like to walk with you.
15. Where does she like to drink beer?
16. Why were you so angry?
17. I don't like to kill mosquitoes.
18. She likes to study with me.

Are you having fun? 즐거운 마음으로 말해보자.

Why는 필요하다!

한국에서는 보통 모범생이라고 하면 선생님이나 부모님이 시키는 대로 최대한 효율적인 로봇처럼 공부하는 학생을 일컫는 말일 것이다. 그래서 짜여진 틀 안에서 시험 잘 보고 말썽 부리지 않는 그런 학생일 것이다.
미국, 영국도 어떤 면에서는 한국과 같다. 하지만 정말 중요한 한 가지 차이점이 있다.

그것은 바로 **WHY**이다.

즉, 무조건 "2+3=5다"라고 암기하고 넘어가는 것이 아니라는 것이다.
미국, 영국에서 더 중요시하는 것은 "왜"라는 질문이다.
"왜"라는 질문은 학생들 스스로가, 때론 학생들끼리 토론하여 답을 도출하는 방법이다.

미국, 영국의 엘리트 학생들은 대부분 "왜"라는 질문을 많이 한다.

감히 저자가 이런 말을 해도 될지는 모르겠지만 아직까지 한국의 수업 시간은 모르는 것을 물어보기 힘든 분위기인 것 같다. 앞으로는 점점 "왜"라는 질문이 환영받는 학교 수업이 되었으면 하는 바람이다.
저자인 나도 한국에서 초등학교 다닐 때 질문이 너무 많다고 따귀를 맞은 적이 있다.
사실 뭐 내가 개구쟁이였기도 했지만… ㅋㅋㅋ

DAY-6 일차

오늘은 "~을 꼭해야만 한다"라는 표현을 말해보도록 하자.
like to나 want to처럼 같은 방법으로 "have to+동사원형"을
이용하여 말하면 된다.

위의 설명이 잘 이해가 안 된다면 굳이 이해하려고 하지 말고 무조건 말해보자.
영어는 이해가 필요한 과목이 아니다. 영어는 입에 익도록 말하다 보면 다 해결된다.
반복해서 말해보면 자연스럽게 이해하게 되는 게 바로 영어인 것이다.

DAY-6 꼭 무엇을 해야만 한다고 말할 때
아주 유용한 표현을 말해보자.

1. 나는 꼭 이겨야 한다.
2. 그녀는 꼭 공부해야만 하니?
3. 너는 왜 영어를 공부해야만 하니?
4. 너는 꼭 점심을 먹을 필요는 없다.
5. 우리는 꼭 이 노래를 불러야 한다.
6. 그는 하루에 3번 약을 복용해야 한다.
7. 그는 꼭 뛰어야만 하니?
8. 그들은 꼭 운동을 해야 한다.
9. 나는 너와 꼭 결혼해야 한다.
10. 꼭 가야만 해?
11. 그는 꼭 야구할 필요가 없다.
12. 넌 3시까지 어디에 가야만 하는데?
13. 나는 지금 자야 한다.
14. 그녀는 나와 함께 살아야 한다.
15. 나는 그를 도와야 한다.
16. 그들은 저녁을 먹어야만 한다.
17. 왜 그녀가 떠나야만 해?
18. 그들은 꼭 샤워해야만 한다.

> 현재형으로만 말해보았다. 다음은 과거형으로도 말해보도록 하지!!

DAY-6

아래를 크게 소리내어 말하자!
어려우면 여러 번 말해보자!

1. I have to win.
2. Does she have to study?
3. Why do you have to study English?

   ★ don't have to
   =꼭 ~할 필요는 없다

4. You don't have to* eat lunch.
5. We have to sing this song.
6. He has to take medicine* 3 times a day.
7. Does he have to run?

   ★ medicine
   =약

8. They have to work out.
9. I have to marry you.
10. Do you have to go?
11. He doesn't have to play baseball.
12. Where do you have to go by* 3?
13. I have to sleep now.

    ★ by=~까지

14. She has to live with me.
15. I have to help him.
16. They have to eat dinner.
17. Why does she have to leave?
18. They have to take a shower.

DAY-6

시제를 바꿔 **과거형과 미래형으로** 말해보자.
과거라면 had to, 미래라면 will have to를 쓴다.

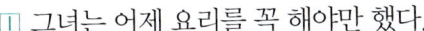

1. 그녀는 어제 요리를 꼭 해야만 했다.
2. 너는 내일 그녀의 컴퓨터를 고쳐야만 할 거야.
3. 너는 왜 꼭 점심을 먹어야만 했니?
4. 나는 꼭 야구를 하지 않아도 될 것이다.
5. 너희는 어디서 농구를 해야만 하니?
6. 그는 편지를 써야만 했다.
7. 나는 너를 꼭 사랑할 수밖에 없었어.
8. 너는 이 개미를 꼭 죽여야만 했니?
9. 넌 왜 그와 꼭 사귀어야만 했니?
10. 그들은 꼭 스페인어 공부를 할 필요가 없었다.
11. 나는 미국에 꼭 가야만 했다.
12. 그들은 이것을 살 수밖에 없을 것이다.
13. 너는 이것을 꼭 팔아야 할 필요는 없을 것이다.
14. 나는 어제 샤워를 꼭 해야만 했다.
15. 어렸을 적에 그녀는 어디에 살아야만 했니?
16. 그녀는 그와 꼭 결혼할 필요는 없었다.
17. 그들은 그들과 아침을 먹어야만 할 것이다.
18. 그녀는 그를 돌보아야만 할 것이다.

> 영어로 말할 수 있다는 사실에 희열을 느끼는가? 이제 얼마 안 남았다. 미국 초등학생같이 말할 그날이…

영어는 전에도 말했지만 머리로 하는 것이 아니다.
그럼? 당근 **입으로 한다!!**

1. She had to cook yesterday.
2. You will have to fix her computer tomorrow.
3. Why did you have to eat lunch?
4. I won't have to play baseball.
5. Where do you have to play basketball?
6. He had to write a letter.
7. I had to love you.
8. Did you have to kill this ant?
9. Why did you have to go out with him?
10. They didn't have to study Spanish.
11. I had to go to America.
12. They will have to buy this.
13. You won't have to sell this.
14. I had to take a shower yesterday.
15. Where did she have to live when she was young?
16. She didn't have to marry him.
17. They will have to eat breakfast with them.
18. She will have to look after* him.

★ look after
= ~을 돌보다
(1탄에도 나왔던 내용)

흥분해서 오버하지 말자!!

가끔 아니 사실 대부분의 3030English 1탄 독자들이 하루에 하루치만 보는 것이 아니라 때론 쉬워서 또 때론 재미있어서 하루에 2, 3일치씩 보곤 하였다. 영어가 느는 것이 느껴져서 자기도 모르게 흥분이 되어 하루에 30분이 아니라 2시간이나 하는 분들도 있었다.

나쁜 일은 아니다. 하지만 권장하지도 않는다. 처음에도 약속했듯이 J가 원하는 대로만 따라와 주길 바란다. 30일 동안 30분씩 저자의 의도대로만 따라와 주길 바란다. 평범한 사람이 하루에 받아들일 수 있는 분량만을 하루치에 담았기 때문이고, 또 30분 이상 할 경우 쉽게 지칠 수 있기 때문이다.

모든 학습은 마라톤과 같다. 페이스 조절이 필요하다. 하루에 30분에서 많아도 1시간씩만 가능하면 **하루치만을 보길 바란다.**
그렇게 꾸준히 30일이면 영어는 물론 꾸준히 공부하는 좋은 습관을 얻음으로써 인생도 긍정적으로 바뀔 거라고 믿는다. 그리고 입담이 재미있다고 입담만 먼저 보는 분도 있는데… 그건 바람직하지 않다. 마치 강의를 듣듯 내일은 어떤 입담이 있을까 기대하면서 잠자리에 들기를 저자 J는 소망한다.

DAY-7 일차

또다시 총 복습 시간이다.
지금까지 말해본 모든 형태의 문장들을 섞어서 어느 때보다 더 크게 말해보자.

잘 안 되는 부분이 있으면 그 일차로 가서 다시 해보자. 앞으로 진도 나가는 것만이 능사가 아니다.

하나하나 빼놓지 말고 **완벽히 익히고 나서 다음으로 넘어가자!**

DAY-7

여러분이 영어로 너무 말을 많이 해서
영어로 꿈꾸는 날이 오기를…

1. 나는 밤에 달리는 것을 좋아한다.
2. 그들은 그것을 꼭 해야만 한다.
3. 나는 공부하고 싶어. 조용히 해라!
4. 그녀는 어디에 사니? 나는 알고 싶어.
5. 이것은 참 예쁘다. 난 이것을 사고 싶어.
6. 몇 시니? 나는 일어나야 해.
7. 나는 내일 꼭 이겨야만 할 것이다.
8. 너를 사랑해. 너 나랑 결혼하고 싶니?
9. 비가 오고 있어. 난 우산을 가지고 가야 한다.
10. 그들은 너희들과 농구하기를 원치 않는다.
11. 나는 매일 아침을 꼭 먹어야만 한다.
12. 난 목말라. 수박 좀 먹자.
13. 배고프다. 아점(아침 겸 점심) 먹자.
14. 넌 꼭 지금 일해야만 하니?
15. 난 어제 너의 차를 운전하고 싶었어.
16. 나는 너랑 싸울 수 없어.
17. 그들은 아프다. 난 그들을 위해 기도해야만 한다.
18. 그는 설거지하는 것을 좋아한다.

> 자~ 중요한 것이 하나 있다. 말을 할 때 리듬을 타자. 자기만의 리듬을 타자. 즉 흥을 내서 말하자!!

DAY-7

영어 때문에 승진 못하신 분들도 계실 텐데
이 악물고 합시다!

1. I like to run at night.

2. They have to do it.

3. I want to study. Be quiet!

4. Where does she live? I want to know.

5. This is very beautiful. I want to buy it.

6. What time is it? I have to get up.

7. I will have to win tomorrow.

8. I love you. Do you want to marry me?

9. It's raining. I have to take an umbrella.

10. They don't want to play basketball with you.

11. I have to eat breakfast everyday.

12. I am thirsty*. Let's eat some watermelon.

★ thirsty
=목마른

13. I am hungry. Let's eat brunch*.

14. Do you have to work now?

15. I wanted to drive your car yesterday.

★ brunch = breakfast 와 lunch가 합쳐져 만들어진 말로서 "아침 겸 점심"을 뜻함.

16. I can't fight with you.

17. They are sick. I have to pray for them.

18. He likes to wash the dishes.

DAY-7

하나만 기억하자! **영어를 잘하면** 이 세상 어디를 가더라도 **의사소통이 가능하다.**

1. 나는 어제 춤을 춰야만 했었다.
2. 그녀는 너와 사귀기를 원치 않는다.
3. 넌 왜 그렇게 말랐니? 좀더 먹어라!
4. 그녀는 극장에 가는 것을 좋아한다.
5. 그녀는 어제 시험 보는 것을 원치 않았다.
6. 그는 어디에 있니? 나는 그에게 이 펜을 꼭 줘야만 한다.
7. 난 그녀에게 전화하고 싶다. 하지만 지금 너무 늦었다.
8. 난 피곤하다. 난 자야만 한다.
9. 넌 내일 꼭 쉬어야만 할 것이다.
10. 난 너의 친구야. 내가 널 도와줄게.
11. 난 너를 위해 위스키를 마셨다.
12. 그녀는 콜라 마시기를 원했다. 그러나 물을 마셔야만 했다.
13. 그거 얼마예요? 난 그것을 사고 싶어요.
14. 그녀는 너를 도와주는 것을 좋아한다.
15. 난 떠나야만 한다. 그래서 난 슬프다.
16. 너의 차는 어디 있니? 난 너의 차를 고치고 싶다.
17. 난 수학 공부하는 것을 좋아한다.
18. 너는 아침에 꼭 무엇을 해야 하니?

> 크게 크게 말하면서 공부하는 게 이제는 습관이 되었는가? 아니라면 반성하자!!

DAY-7
우리는 지금 공부를 하고 있는가?
아니다! 말하고 있다. 수다떨고 있다.

1. I had to dance yesterday.
2. She doesn't want to go out with you.
3. Why are you so thin? Eat some more!
4. She likes to go to the cinema.
5. She didn't want to take an exam yesterday.
6. Where is he? I have to give him this pen.
7. I want to call her. But it's too late right now.
8. I am tired. I have to sleep.
9. You will have to rest tomorrow.
10. I am your friend. I will help you.
11. I drank whisky for you.
12. She wanted to drink coke. But she had to drink water.
13. How much is it? I want to buy it.
14. She likes to help you.
15. I have to leave. So I am sad.
16. Where is your car? I want to fix it.
17. I like to study math.
18. What do you have to do in the morning?

> You are not studying. You are speaking!

이 문법 좀 설명해 주세요… 네??

1탄을 보고 정말 상상도 하지 못한 만큼 많은 감사 이메일을 받았다. 그 중에는 문법에 관한 질문도 있었다. 그렇다. 궁금하였을 것이다. 하지만 J는 항상 새로운 형태가 나오면 그 문장의 기본 조립 방법을 설명한다. 그 법법만 알면 그 다음은 그냥 무식하게 말해보는 게 더 빠르다.

예를 들어 'Can은 왜 Will과 다르지?'라는 질문은 영어로 말하는 데 아무 도움도 되지 못한다. "왜"라는 질문은 며칠 전에 이야기한 것처럼 상당히 중요하다.
하지만 언어를 배울 때 최고 최선의 방법은 **그냥 말해보는 것**이다.

문법이 정말 궁금하다면 여러분이 중 1때 보던 그 유명한 X문 영어사에서 나온 초록색 X문 기초영어를 사서 보기를 바란다. 내가 이렇게 말하는 이유는 문법을 깊이 알아도 말하기엔 큰 도움이 되지 않기 때문이다. 또 많은 생각을 하며 말하기를 원치 않기 때문이다.

난 다만 여러분과 **영어로 수다떨기를 원한다.**
머리 싸매고 공부하는 건 이 책의 스타일이 아니다.

DAY-8 일차

오늘은 3030English에서 처음으로 하루에
새로운 것을 한 가지 이상 배우는 날이다.

아래의 형태들을 말해보자
like to be = 무엇이[어떻게] 되기를 좋아한다, 무엇이[어떻게] 되고 싶다
have to be = 무엇이[어떻게] 꼭 되어야만 한다

조금 복잡한가? 예를 들어주겠다.
I like to be a doctor. 난 의사가 되는 게 좋다, 난 의사가 되고 싶다.
I like to be happy. 난 행복해지는 게 좋다, 난 행복해지고 싶다.
I have to be a doctor. 난 의사가 꼭 되어야만 한다.
I have to be happy. 난 꼭 행복해야만 한다.

조금 어렵다면 두 번 세 번 다시 해보자!
입에 완전히 익숙해질 때까지
큰소리로 말해보자!

DAY 8

내가 좋아하는 재미있는 연예인 노홍철! 그 사람처럼
성대 결절이 생길 정도로 열심히 말하자!

1. 그는 학생이 되고 싶다.
2. 그는 조심해야 한다.
3. 너는 자라서 무엇이 되고 싶니?
4. 그녀는 매일 예뻐지고 싶어한다.
5. 우리들은 부자가 되어야 한다.
6. 넌 왜 예뻐지고 싶어하니?
7. 나는 변호사가 되어야 한다.
8. 나의 남동생은 선생님이 되고 싶어한다.
9. 넌 어디에 있는 것을 좋아하니?
10. 그녀는 꼭 최고가 되어야만 한다.
11. 나는 꼭 성공해야만 한다.
12. 왜 그녀는 꼭 그의 신부가 되어야 하니?
13. 난 꼭 선생님이 되어야 할 필요는 없다.
14. 우리는 좋은 선생님이 되고 싶지 않다.
15. 그녀는 연기자가 되어야만 한다.
16. 넌 왜 꼭 가수가 되어야 하니?
17. 난 키가 더 커지고 싶다.
18. 그녀는 무엇을 먹어야 하니?

> 결코 쉽지 않았으리라 생각된다. 새로운 것을 입에 익히려면 수백 번 수천 번 말해보아야 한다.

DAY-8
최면을 걸어라! 당신은 배우이다. 그리고 아래는 영화 대본이다.
감정을 넣어 연기하자!

1. He likes to be a student.
2. He has to be careful.
3. What do you like to be when you grow up?
4. She likes to be beautiful every day.
5. We have to be rich.
6. Why do you like to be beautiful?
7. I have to be a lawyer*.

★ lawyer =변호사

8. My younger brother likes to be a teacher.
9. Where do you like to be?
10. She has to be the best.
11. I have to be successful.
12. Why does she have to be his bride*?

★ bride=신부 (bridegroom =신랑)

13. I don't have to be a teacher.
14. We don't like to be good teachers.
15. She has to be an actress.
16. Why do you have to be a singer?
17. I like to be taller.
18. What does she have to eat?

DAY-8

**3030 English 1탄에서 이미 배웠듯이 감정을 넣어
살아있는 영어를 말해보자!**

1. 나는 학생이 되기를 좋아하지 않았다.
2. 그녀는 뚱뚱해지는 걸 좋아하지 않는다.
3. 왜 그녀는 유명해지고 싶어하니?
4. 왜 그녀는 꼭 상냥해야만 하니?
5. 그들은 학교에 꼭 있어야만 한다. (be 사용)
6. 넌 꼭 살이 쪄야 돼.
7. 그녀들은 항상 싱글이고 싶지는 않다.
8. 난 너의 친구가 되고 싶었다.
9. 그들은 꼭 조심해야만 했었다.
10. 나는 좋은 사람이 되기를 좋아한다.
11. 넌 왜 꼭 그의 약혼녀가 되어야만 하니?
12. 나는 꼭 그녀와 함께여야만 한다.
13. 그들은 바보가 되는 것을 좋아하지 않는다.
14. 그는 어디 있는 것을 좋아하니?
15. 그들은 우리와 함께 있는 것을 좋아한다.
16. 넌 왜 나랑 함께 있는 것을 좋아하니?
17. 내 차는 꼭 깨끗해야만 한다.
18. 그의 학교는 꼭 좋아야만 한다.

> 버벅거리는 것이 당연하다. 당신뿐만이 아니다. **90% 이상의 학생들이 같이 힘들어했던 부분이다. 힘내자!**

DAY-8 감정이 실리지 않는다면
그건 언어가 아니다. 제발 책 읽듯이 말하지 말자!

1. I didn't like to be a student.
2. She doesn't like to be fat.
3. Why does she want to be famous?
4. Why does she have to be gentle?
5. They have to be in school.
6. You have to be fat.
7. They don't always want to be singles.
8. I wanted to be your friend.
9. They had to be careful.
10. I like to be a good person.
11. Why do you have to be his fiancée*?
12. I have to be with her.
13. They don't like to be stupid.
14. Where does he like to be?
15. They like to be with us.
16. Why do you like to be with me?
17. My car has to be clean.
18. His school has to be good.

★ fiancée =약혼녀

3030English 테이프 탄생의 유래?

우선 3030English 1탄은 처음에는 테이프 없이 출판되었다.
사실 출판사에서는 테이프를 넣는 것이 좋을 것 같다고 했지만 내가 끝까지 반대하여 테이프 없이 출판되었다. 하지만 후에 수많은 독자들이 테이프가 있었으면 좋겠다고 말해 그 의견에 따라 책이 출간된 지 수개월이 지나 녹음 작업을 했다.
그 점에 대하여 3030English 1탄 독자분들께 너무나 죄송한 마음이다.(테이프 없는 책과 테이프 합본판 두 개 다 사신 분들께 특히 죄송^^;)
하지만 테이프 없이 낸 동기는 순수했음을 이 자리를 통해 꼭 말씀드리고 싶다.
나는 기존의 두껍고 테이프가 붙어 부피가 크고 비싼 책, 그러면서 실력 향상에는 도움이 안 되는 책이 아닌 **작고 가볍고 싼 독특한 회화책**을 만들고 싶었다.

어찌됐건 2탄은 처음부터 테이프와 함께 출판하게 되었다.
나의 실수를 1탄 독자께서 너그럽게 용서해 주길 바라며…
그리고 앞으로도 독자의 말씀에 귀 기울이겠다고 약속한다. 사과는 여기까지.
다시 혹독한 여러분의 영어 조련사 J로 돌아갑니다.

휘리릭~~

DAY-9 일차

어제까지 말해본 표현들을 모두 섞어서 말하자!

이젠 당신의 영어가 어느 정도 유창해졌으리라는 생각이 된다.
이젠 집에서 벽 보고 하는 것도 좋지만 **영어 좀 하는 사람들을 붙잡고 영어로 대화하자고** 해봐라!
한국인끼리도 영어로 말하면 영어가 향상될 수 있다.

영어 스터디 모임에서 3030English 책을 가지고 말하는 연습을 해보자!
처음부터 프리토킹이 어색하다면 이런 식으로 시작하는 것도 효과적이다.

DAY-9
자신감만큼 중요한 건 긍정적인 사고!
할 수 있다는 긍정적 생각을 가지고 해보자!

1. 난 너와 스타크래프트 하는 것을 좋아한다.
2. 넌 뭐가 되고 싶니?
3. 지금 7시야! 너 무엇을 해야만 하는데?
4. 난 너랑 꼭 가야 돼.
5. 너의 차는 어디 있니? 내가 꼭 운전을 해야 돼.
6. 그녀는 그와 싸우는 걸 좋아했다.
7. 그들은 늙고 싶지 않다.
8. 그들은 뛰는 중이다. 그들은 이겨야만 한다.
9. 우리는 승자가 꼭 돼야만 한다.
10. 그는 여기 있어. 그는 무엇을 해야만 하니?
11. 난 서울을 사랑한다. 난 그곳에 있는 것을 좋아한다.
12. 그들은 똑똑하다. 하지만 그들은 공부를 해야만 한다.
13. 난 영어로 말할 수 있다. J에게 감사한다.
14. 코끼리의 철자를 어떻게 씁니까?
15. 너 이번엔 꼭 확실해야 돼.
16. 비가 올 때 난 음악 듣는 것을 좋아한다.
17. 난 책을 출판하는 것을 좋아했다.
18. 난 이 끔찍한 음악을 더 이상 못 듣겠어!

> 축구 천재는 박주영 영어 천재는 바로 여러분이 되어야 합니다!

 **DAY-9**

매너리즘에 빠져 기계적으로하고 있나? 그럼 차라리 며칠 쉬자.
즐거운 마음으로, 매일 새로운 마음으로.

1. I like to play Starcraft with you.
2. What do you like to be?
3. It's 7. What do you have to do?
4. I have to go with you.
5. Where is your car? I have to drive.
6. She liked to fight with him.
7. They don't like to be old.
8. They are running. They have to win.
9. We have to be the winners.
10. He is here. What does he have to do?
11. I love Seoul. I like to be there.
12. They are smart. But they have to study.
13. I can speak English. I thank Jay.
14. How do you spell* elephant?
15. You have to be sure this time.
16. When it rains, I like to listen to music.
17. I liked to publish* books.
18. I can't listen to this terrible music anymore!

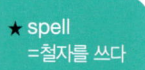
★ spell
=철자를 쓰다

★ publish
=출판하다

DAY-9

점점 영어 기본기가 튼튼해지는 것을 느끼는가? 나에겐 당신의
기본기가 튼튼해지는 소리가 들린다.

1. 난 화가 났다. 난 그를 때리고 싶다.
2. 그녀는 예쁘다. 난 그녀에게 데이트 신청해야 한다.
3. 넌 왜 그렇게 뚱뚱하니? 넌 다이어트 해야만 한다.
4. 내가 너를 도와줄게.
5. 넌 나를 위해 노래할 수 있니?
6. 내일 나한테 전화해!
7. 난 의사가 되어야만 한다.
8. 나는 그를 사랑한다. 하지만 그와 결혼할 수 없다.
9. 넌 왜 꼭 그걸 사야만 하니?
10. 넌 누구를 좋아하니? 난 클레어를 좋아해.
11. 난 감기에 걸렸어. 난 쉬어야만 해.
12. 넌 어떻게 거기에 갔니?
13. 난 그녀를 사랑해. 그녀는 나의 여자친구가 되어야만 해.
14. 학교 가자! 우린 늦었다.
15. 그녀는 예뻤다.
16. 나한테 10시에 전화해라! 우리 얘기해야 돼.
17. 파티하자. 난 파티하는 것을 좋아해.
18. 그녀는 살이 쪄야 한다.

> Are you enjoying speaking English?

DAY-9 Read the following out loudly!

1. I am angry. I want to hit him.
2. She is beautiful. I have to ask her out*.
3. Why are you so fat? You have to go on a diet*.
4. I will help you.
5. Can you sing for me?
6. Call me tomorrow!
7. I have to be a doctor.
8. I love him. But I can't marry him.
9. Why do you have to buy it?
10. Who do you like? I like Claire.
11. I have a cold. I have to take a rest.
12. How did you go there?
13. I love her. She has to be my girlfriend.
14. Let's go to school. We are late.
15. She was beautiful.
16. Call me at 10! We have to talk.
17. Let's party. I like to party.
18. She has to be fat.

★ ask ~ out
=~에게 데이트 신청하다

★ go on a diet
=다이어트를 하다

3030English로 퀴즈대회를 열다!

3030English 1탄 시절 어떤 독자가 말하기를 회사에서 점심 시간에 **퀴즈 풀듯이 동료들과 3030English로 영어 공부를** 하는데 재미있다고 하였다. 그렇다. 영어에 관심 있는 사람들끼리 삼삼오오 모여 서로 한국말 부분을 읽어주고 영어로 말하기를 해보자!

연인과 전화상으로도 가능한 것이 바로 3030English이다. 영어 스터디 모임에서도 3030English는 유용하게 활용될 수 있다고 믿는다. 가정에서도 가족끼리 서로 물어봐 주고 영어로 답하는 그런 분위기를 조성해보자.
그럼 어느새 당신 자녀의 영어 성적이 오를 것이다. 이런 피나는(?) 노력을 할 때 당신은 영어 완전정복에 성공하리라 믿는다.

자, 다시 한번 힘내자!

항상 작심삼일 하는 스타일이라면 3일에 한번씩 새롭게 작심하자!

DAY-10 일차

오늘은 8일차와 비슷한 2가지 형태의 문장을 말해보자
must be = 무엇임이 틀림없다, 틀림없이 어떠할 것이다
want to be = 무엇이[어떻게] 되기를 원하다

조금 어려울 것이다. 예를 들어주겠다.
She must be a doctor. 그녀는 의사임이 틀림없다.
She must be happy. 그녀는 행복한 것이 틀림없다.
I want to be a doctor. 난 의사가 되기를 원한다.
I want to be happy. 난 행복하기를 원한다.

8일차만큼 어려울 것이다.
하지만 여기까지 온 이상 이제는 전진뿐이다!

DAY-10
여러분은 벌써 하루 30분씩 꼬박 9일 동안
영어를 말하고 있다.

1. 나는 천재임이 틀림없어.
2. 그녀는 선생님이 되길 원한다.
3. 그녀는 학생임이 틀림없다.
4. 너는 몸이 마르고 싶니?
5. 넌 왜 선생님이 되길 원하니?
6. 그들은 의사가 되길 원치 않는다.
7. 넌 어디 있기를 원하니?
8. 그녀는 여기에 있음이 틀림없다.
9. 넌 몇 시에 거기 있기를 원하니?
10. 당신은 분명 미스터김이군요.
11. 그는 어디에 있기를 원하니?
12. 나는 매력적임이 틀림없다.
13. 그녀는 뚱뚱해지길 원치 않는다.
14. 그들은 유명해지길 원한다.
15. 우리가 승자임이 틀림없다.
16. 넌 무엇이 되길 원하니?
17. 그녀는 행복해지길 원한다.
18. 그녀는 행복한 것이 틀림없다.

> 말하면 늘 수밖에 없는 영어, 그 매력에 푹 빠져봅시다.

DAY-10

영어로 말하기를 전혀 하지 않았던 9일 전과 비교해보면 얼마나 **커다란 변화**인지 실감할 것이다.

1. I must be a genius*.
2. She wants to be a teacher.
3. She must be a student.
4. Do you want to be thin?
5. Why do you want to be a teacher?
6. They don't want to be doctors.
7. Where do you want to be?
8. She must be here.
9. What time do you want to be there?
10. You must be Mr. Kim.
11. Where does he want to be?
12. I must be attractive*.
13. She doesn't want to be fat.
14. They want to be famous.
15. We must be the winners.
16. What do you want to be?
17. She wants to be happy.
18. She must be happy.

★ genius
=천재

★ attractive
=매력적인

영어로 말하는 것에 **점점 익숙해지는가?**

1. 넌 왜 남자가 되길 원하니?
2. 그녀는 튼튼한 것이 틀림없다.
3. 그들은 독일인임이 틀림없다.
4. 그들은 어디에 있기를 원하니?
5. 그것은 강아지가 틀림없어.
6. 넌 섹시한 소녀가 되고 싶니?
7. 그들은 분명히 똑똑해.
8. 넌 몇 시에 집에 있길 원하니?
9. 난 착한 사람이 되고 싶지 않아.
10. 그녀는 바쁜 것이 틀림없다.
11. 그는 잘생긴 것이 틀림없다.
12. 그것은 무거운 게 틀림없어.
13. 넌 언제 택시 기사가 되길 원하니?
14. 넌 왜 여기 있기를 원하니?
15. 그것들은 분명히 거대할 거야.
16. 난 너와 함께하기를 원치 않는다.
17. 넌 왜 나랑 함께하기를 원하니?
18. 그녀는 우리의 새로운 상사임에 틀림없다.

> 무슨 일을 할 때든지 자신이 하는 행동을 영어로 말해보자. 모르면 단어를 찾아보더라도 말을 해보자.

DAY-10

여러분은 로봇이 아니다. 감정을 가진 사람이다.
자 아래 문장을 **감정을 넣어 말해보자.**

1. Why do you want to be a man?

2. She must be strong.

3. They must be German.

4. Where do they want to be?

5. It must be a dog.

6. Do you want to be a sexy girl?

7. They must be smart.

8. What time do you want to be home?

9. I don't want to be a kind person.

10. She must be busy.

11. He must be handsome.

12. It must be heavy.

13. When do you want to be a taxi driver?

14. Why do you want to be here?

15. They must be huge★.

16. I don't want to be with you.

★ huge
= 거대한

17. Why do you want to be with me?

18. She must be our new boss.

우리 이제 조금 어른스럽게 말해볼까요?

사실 3030English 1탄에서는 무조건 무식하게 말하라고 부탁했었다.
하지만 이젠 조금 다르다.

예를 들어보겠다.
유치원생이라면 친구를 엄마한테 소개할 때 "엄마 그 애는 뚱뚱해요 그렇지만 그 애가 좋아요." "Mom! He is fat. But I like him."이라고 말할 것이다.
초등학생이라면 "Though he is fat, I like him, Mom."이라고 말할 것이다.
이건 단순한 예일 뿐이지만 영어는 **같은 말도 다르게 표현할 수 있다.**(물론 어느 언어나 그렇겠지만)

이제부터는 어휘력이 풍부한 **초등학생 수준**으로 말해 보자.

DAY-11 일차

드디어 3분의 1인 10일차까지 끝냈다. 생각보다 어려웠는가? 아니면 쉬웠는가?
만약에 도움이 되지 않는 것 같다 싶으면 더 이상 이 책을 공부하지 마시라!
시간 낭비하지 말고 과감히 이 책을 던져버려라!
그게 아니고 도움이 된다면 더욱 열심히 J를 따라 영어로 말하자!

자, 해보자. 시작이 반이라는데
우리는 벌써 3분의 1을 끝냈다.

DAY-11 틀릴 수 있다. 모국어가 아닌 이상 누구나 실수할 수 있다. 창피해하지 말고 **자신감을 갖자.**

1. 내가 내일 몇 시에 너한테 전화해도 돼?
2. 왜 그녀는 너랑 결혼하기를 좋아했었니?
3. 그들은 꼭 헬스를 해야 한다.
4. 넌 왜 나랑 함께하는 것을 좋아하니?
5. 왜 그들은 그들의 차를 바꾸기 원하니?
6. 나는 꼭 그녀와 함께여야만 한다.
7. 비가 온다. 나는 라면이 먹고 싶다.
8. 우리는 승자임이 틀림없다.
9. 나는 어제 슈퍼에서 그녀를 보았다.
10. 난 착한 사람이 되고 싶지 않다.
11. 난 야구를 할 수 없다.
12. 나는 일본어 공부하고 싶지 않아.
13. 그녀와 나는 공부하는 것을 좋아한다.
14. 난 뛰어야만 했어.
15. 그들은 3030English 공부하기를 원해.
16. 너 어제 10시에 뭐 하는 중이었니?
17. 너 몇 시에 학교 가니?
18. 나는 너와 꼭 결혼해야 돼.

> 최선을 다하면 결과는 내가 보장한다. 열심히만 하자!

DAY-11

한국어에는 없는 발음이 영어에는 있다. 테이프를 듣고 따라하다보면 그런 **발음도 익숙해진다.**

1. What time can I call you tomorrow?
2. Why did she like to marry you?
3. They have to work out*.

★ work out
=운동하다, 헬스하다

4. Why do you like to be with me?
5. Why do they want to change their car?
6. I have to be with her.
7. It's raining. I want to eat instant noodles.
8. We must be winners*.
9. I saw her at the supermarket yesterday.

★ winner
=승자

10. I don't want to be a kind person.
11. I can't play baseball.
12. I don't want to study Japanese.
13. She and I like to study.
14. I had to run.
15. They want to study 3030English.
16. What were you doing at 10 yesterday?
17. What time do you go to school?
18. I have to marry you.

DAY-11

**공부하는 것 같은가? 아닐 것이다.
그저 수다떠는 기분일 것이다.**

1. 그녀는 싸움하는 것을 좋아하지 않는다.
2. 그녀는 우리의 새로운 교수임이 틀림없다.
3. 어디서 그들은 야구를 할 수 있니?
4. 어렸을 때 나는 인생을 즐기는 것을 좋아했었다.
5. 나는 걷는 중이다.
6. 그녀는 그를 꼭 돌봐야만 한다.
7. 그녀는 행복함이 틀림없다.
8. 실례합니다. 이거 얼마예요?
9. 왜 너는 요리하는 걸 좋아하니?
10. 그들은 의사 되는 것을 원치 않는다.
11. 그의 학교는 꼭 좋아야만 한다.
12. 그녀는 나를 포옹하기를 원했었다.
13. 그들은 바보가 되는 것을 원하지 않는다.
14. 나를 믿어라! 난 너를 돕기를 원한다.
15. 그들은 TV 보는 것을 좋아하지 않는다.
16. 오늘 비가 올 것이다. 우산 가져가라!
17. 그녀는 요리하기를 원치 않는다.
18. 그는 그의 휴대전화를 바꾸는 것을 좋아했었다.

> 하루 30분씩 30일 영어로 수다떨다 보면 자신도 모르게 영어가 향상돼 있을 것이다.

DAY-11

1탄에서는 별로 지적을 하지 않았던 **발음.**
이제부터는 좀 **신경쓸 때**가 되었다.

1. She doesn't like to fight.
2. She must be our new professor*. ★ professor = 교수
3. Where can they play baseball?
4. When I was young, I liked to enjoy my life.
5. I am walking now.
6. She has to look after* him. ★ look after = ~를 돌보다
7. She must be happy.
8. Excuse me. How much is this?
9. Why do you like to cook?
10. They don't want to be doctors.
11. His school has to be good.
12. She wanted to hug me.
13. They don't want to be stupid.
14. Believe me! I want to help you.
15. They don't like to watch TV.
16. It will rain today. Take an umbrella!
17. She doesn't want to cook.
18. He liked to change his cell phone.

J의 영어 발음 비법!

1. P와 F

P는 아랫입술과 윗입술을 붙였다 떼면서 '프' 하고 발음하면 된다. 이건 한국어의 ㅍ과 같으므로 별로 어렵지 않다. F는 마치 토끼 이빨을 한다는 생각으로 아랫입술을 윗니에 낀다. 그리고 아랫입술을 윗니로부터 밖으로 밀어내면서 발음한다.

2. B와 V

B는 아랫입술과 윗입술을 붙였다 떼면서 '브' 하고 발음하면 된다. 이건 한국어의 ㅂ과 같으므로 별로 어렵지 않다. V는 마치 토끼 이빨을 한다는 생각으로 아랫입술을 윗니에 낀다. 그리고 아랫입술을 윗니로부터 밖으로 밀어내면서 발음한다.

3. L과 R

우선 L은 우리나라 ㄹ과 동일하게 발음하면 된다. 발음이 어려우면 L로 시작하는 단어 앞에 먼저 "을"이라고 발음하며 연이어 그 단어를 발음한다. 예를 들어 Lake는 "을-레이크"가 된다. 혓바닥은 위 천장에서 시작하여 아래로 살짝 차주는 발음 R은 영어에서 가장 느끼면서 한국인들이 발음하기 어려워하는 것이다. 우선 혓바닥을 둥글게 말아서 입 안에 붕 뜬 상태로 발음된다는 것이 특징이다. 혓바닥이 입천장이나 치아를 건드리지 않는 다는 것이다. R을 발음할 때 "우"를 먼저 발음하고 연이어 R을 발음하면 쉬워진다. 예를 들어 Run은 "우-런"이라고 한다. 발음은 연습을 통해서만 완성되어질 수 있다.

위의 세 가지는 꼭 구분해서 발음하자.

참고로 발음이 정말 안 좋은 분은 "어린이들 파닉스" 책을 사서 한 달만 공부하길 바란다.

DAY-12 일차

오늘은 새로운 표현 세 가지를 간단히 배우고 즐기는 시간을 갖자!
유~후 나만 신났나? 여러분도 즐거운 마음으로 한번 해보자!

will be = 무엇이[어떻게] 될 것이다
can be = 무엇이[어떻게] 될 수 있다
can't be = 무엇일 리가 없다, 어떻게 될 수 없다

예문을 통해 의미를 확실하게 느껴보자.
I will be a doctor. 난 의사가 될 것이다.
I will be happy. 난 행복할 것이다.
I can be a doctor. 난 의사가 될 수 있다.
I can be happy. 난 행복할 수 있다.
I can't be a doctor. 난 의사가 될 수 없다.
I can't be happy. 난 행복할 수 없다.

DAY-12
Will과 Can이 1탄에서 쉬웠듯이 아래 문장들도 쉽다.
크게 말해보자!

1. 나는 검사가 될 거야.
2. 넌 무엇이 될 거니?(장래 희망)
3. 그녀는 선생님이 될 수 있다.
4. 그들은 똑똑해질 수 있다.
5. 넌 어떻게 그렇게 귀여울 수 있니?
6. 난 니가 될 수 없다.
7. 우리는 내일 어디에 있을 거니?
8. 넌 나의 진실한 친구가 될 수 있니?
9. 난 널 위해 거기 있을게.
10. 난 언제까지나 여기 있을 거야.
11. 그녀는 뚱뚱해질 수 없다.
12. 넌 언제 거기에 있을 수 있니?(언제 거기에 올 수 있니?)
13. 누가 너의 부인이 될까?
14. 그는 유명한 사람이 될 것이다.
15. 이건 그일 리가 없다.
16. 그들은 행복할 것이다.
17. 그것은 무엇이 될까?
18. 난 수술 뒤에 예뻐질 거야.

> 너무 쉽지 않은가? 하지만 어휘력을 늘리기 위해 여러분이 꼭 익혀야 하는 표현이다.

아래를 힘차게 읽어보자. 아참! 말해보자!

1. I will be a prosecutor*.
2. What will you be?
3. She can be a teacher.
4. They can be smart.
5. How can you be so cute?
6. I can't be you.
7. Where will we be tomorrow?
8. Can you be my true friend?
9. I will be there for you.
10. I will always be here.
11. She can't be fat.
12. When can you be there?
13. Who will be your wife?
14. He will be a famous person.
15. This can't be him.
16. They will be happy.
17. What will it be?
18. I will be beautiful after the surgery*.

★ prosecutor = 검사

★ surgery = 수술

DAY-12
너무 쉬워서 빨리 끝날 것 같은가?
그럼 어려웠던 과를 다시 한번 말해보도록 하자!

1. 난 바쁘다. 난 너와 함께 할 수 없다.
2. 넌 좋은 학생이 될 수 있니?
3. 난 당신을 사랑합니다. 나의 부인이 될 수 있나요?
4. 난 바보가 되지 않을 것이다.
5. 이 연필은 너의 것일 리가 없다.
6. 난 너의 친구가 될게.
7. 너 문제 있니? 내가 너의 상담가가 돼줄게.
8. 난 너와 항상 함께할게.
9. 난 너의 선생님이 되지 않을 것이다.
10. 3030English는 베스트셀러가 될 것이다.
11. J선생은 성공할 것이다.(ㅋㅋㅋ)
12. 그녀는 완벽할 수 있다.
13. 그녀는 너의 보디가드가 될 것이다.
14. 그들은 무엇이 될 수 있니?
15. 난 6시에 집에 있지 않을 것이다.
16. 난 내일 그녀와 함께 있을 것이다.
17. 그들은 너의 급우(같은 반 친구)가 될 것이다.
18. 그녀는 몸이 마를 것이다.

> 하루 30분이라는 부담없는 시간으로 영어의 달인이 되자!

DAY-12

다시 한번 최면을 걸어보자!
아래는 영화 대사이고 당신은 영화배우이다.

1. I am busy. I can't be with you.
2. Can you be a good student?
3. I love you. Can you be my wife?
4. I won't be stupid.
5. This pencil can't be yours.
6. I will be your friend.
7. Do you have a problem? I will be your counselor*.
8. I will always be with you.
9. I won't be your teacher.
10. 3030English will be a bestseller.
11. Teacher J will be successful.
12. She can be perfect.
13. She will be your bodyguard.
14. What can they be?
15. I won't be home at 6.
16. I will be with her tomorrow.
17. They will be your classmates.
18. She will be thin.

★ counselor
=상담자

너 자신을 알라!

벌써 12일차까지 오게 되었다. 영어 회화 책을 사서 이렇게 반절 가까이 읽은 독자가 많지 않으리라 생각된다. 근데 여러분은 3030English로 해내고 있다. 그런 자기 자신을 칭찬하길 바란다. 꾸준히 30분씩 영어로 말한 자기 자신을…
하지만 전체 복습하는 과정에서 아주 심하게 버벅거리는 분이 꼭 있으리라 생각이 든다. 이런 경우에는 과감히

헷갈리는 부분부터 다시 보길 바란다.

이 책은 셀프테스트가 되는 책이다. 자기 자신에 대해 냉정하게 평가만 한다면 자기 자신의 수준을 그때 그때 가늠할 수 있는 책이다. 자, 자기 자신을 냉정하게 평가하자! 안 된다 싶으면 그냥 진도만 나가지 말고 뒤로 돌아가자! 너무 안 된다 싶으면 1탄을 다시보자!

안 되면 될 때까지 그리고 매너리즘에 빠지지 않게 자기 자신을
항상 돌아보고 체크하길 바란다.

DAY-13일차

12일차까지 나온 모든 표현들을 가지고
화려하고 수려하게 이야기해보자!
생각만큼 잘되지 않더라도 포기는 금물.

힘을 내자!
운동과 마찬가지로 학습도 어느 고비만 넘기면 다시 쉬워진다.
항상 고비를 잘 넘기는 여러분이 되기를 바란다.

DAY-13

아래를 영어로 크게 말해보자! 새롭게 시작하는 마음으로 흥겹게 해보자!

1. 너 이거 어디서 샀니? 나도 사고 싶어.
2. 내 딸은 귀엽다.
3. 나는 너와 춤추는 것이 좋아.
4. 난 하루에 두 번 걸어야만 한다.
5. 난 너의 남자친구가 되고 싶다.
6. 난 할 수 있다. 난 성공할 것이다.
7. 난 너를 항상 사랑할 것이다.
8. 난 너와 항상 함께할 것이다.
9. 그녀는 도둑일 리가 없다.
10. 넌 어떻게 그렇게 마를 수 있니?
11. 그들은 내일 어디에 있을까?
12. 그들은 뛰는 중이다.
13. 난 너와 사귈 수 없다.
14. 그들은 선생님임에 틀림없다.
15. 난 천재임에 틀림없다.
16. 난 방귀뀌는 것을 좋아한다.
17. 넌 트림을 해야만 하니?
18. 그녀는 나의 천사야.

> 남들처럼 당신도 영어를 정복할수 있다. 옆집 철수 아빠도 했는데 당신이라고 못하겠는가?

DAY-13 자신있게 크게 말하되 최대한 감정을 실어 말해보자!

1. Where did you buy this? I want to buy it.
2. My daughter is cute.
3. I like to dance with you.
4. I have to walk twice a day.
5. I want to be your boyfriend.
6. I can do it. I will be successful.
7. I will always love you.
8. I will always be with you.
9. She can't be a thief*.

★ thief =도둑

10. How can you be so thin?
11. Where will they be?
12. They are running.
13. I can't go out with you.
14. They must be teachers.
15. I must be a genius.
16. I like to fart*.

★ fart =방귀를 뀌다

17. Do you have to burp*?
18. She is my angel.

★ burp=트림하다

DAY-13
더 힘내기를…

여기까지 온 여러분에게 J는 말하고싶다. 당신은 아주 잘하고 있다고…

1. 이것은 사실일 리가 없다.
2. 너 어디 있어? 난 너를 보고 싶어.
3. 그들은 나에게 말하길 원했었다.
4. 난 나의 할아버지 돕는 것을 좋아한다.
5. 넌 무엇이 되고 싶니?
6. 난 싸움하기를 좋아한다.
7. 너 내일 어디에 있을 거야?
8. 그녀는 나의 학생이 될 수 없다.
9. 난 너와 함께 하기를 원한다.
10. 넌 그를 좋아하니? 그는 나의 가장 친한 친구이다.
11. 우리는 걷고 있는 중이다. 너도 참여하길 원하니?
12. 그녀는 너무 귀엽다. 난 그녀에게 키스하고 싶다.
13. 난 그와 헤어져야만 한다.
14. 그녀는 (몸집이) 크다. 그녀는 분명 무거울 것이다.
15. 내가 너의 친구가 될게.
16. 내일 비가 온대. 너 내일 뭐 할 거니?
17. 너 몇 시에 학교 가니?
18. 내가 너의 아버지일 수도 있어.

10년 속은 영어 공부
하루 30분에 정복하자!

DAY-13 의사소통이 될 수 있게 억양도 살려보고 손짓 발짓도 하며 말해보자!

1. This can't be true.
2. Where are you? I want to see you.
3. They wanted to talk to me.
4. I like to help my grandfather.
5. What do you want to be?
6. I like to fight.
7. Where will you be tomorrow?
8. She can't be my student.
9. I want to be with you.
10. Do you like him? He is my best friend.
11. We are walking. Do you want to join us?
12. She is so cute. I want to kiss her.
13. I have to break up with* him.
14. She is big. She must be heavy.
15. I will be your friend.
16. It will rain tomorrow. What will you do tomorrow?
17. What time do you go to school?
18. I can be your father.

★ break up with
= ~와 헤어지다

칭크(Chink)?

주먹으로 팍퍽! 으아 아퍼! 영국에서 고등학교에 다닐 적에 아무래도 나이가 나이인 만큼 욕도 많이 하고 욕도 많이 먹었다. 영어로 욕을 나만큼 무섭고 리얼하게 하는 사람도 그리 많지 않으리라 생각된다. 물론 자랑은 아니지만 길거리에서 흑인과 시비가 붙어도 이길 정도였으니… 그렇다고 저자가 갱스터나 뭐 이런 건 절대 아니다. 단지 동양인이라고 무시 당하는 것을 너무나 싫어하는 자랑스런 한 명의 대한민국 국민이었을 뿐.
처음 영국에 갔을 때 영어가 서툴던 시절 영국 아이들이 나보고 "칭크"라고 놀렸던 적이 있다(물론 뜻을 안 후에 몇 대 때리니까 다신 그렇게 부르지 못했지만).

여러분도 잘 기억해 두길 바란다. "칭크" 즉 Chink라는 표현은
동양인을 비하해서 부르는 말이다.
흑인을 "니거"(Nigger)라고 부르는 것과 같은 맥락이다. 뭐 해석하면 Chink는 "짱깨놈" 정도의 뜻인데… 하여튼 상당히 좋지 않은 표현이므로 알아두도록 하자!
누가 당신을 이렇게 부른다면…

퍽! 으악~ 해보자!!

DAY-14 일차

오늘은 중학교 때 배웠던
비교급과 최상급을 가지고 좀 놀아보자!
꼭 알아야 되는 표현이니까 너무 쉽다고 불만을 가지지 말고 열심히 말해보길 바란다.

이젠 말할 수 있다! 내가 가장 예쁘다고. 또 내가 가장 잘생겼다고.
자기 자신과 사랑에 빠져보자!

내가 최고라고!

DAY 14

영어로 아래를 말해보자!
당신이 동시통역사라는 생각으로 해보자!

1. 나는 그녀보다 뚱뚱하다.

2. 그녀는 나보다 똑똑하다.

3. 누가 더 키가 크니?

4. 어떤 것이 더 크니?

5. 그들은 우리보다 키가 작다.

6. 그가 최고의 농구 선수이다.

7. 난 그보다 훨씬 튼튼하지 않다.

8. 그녀는 왜 그보다 무겁지?

9. 그는 그녀보다 착하다(친절하다).

10. 나는 지구상에서 가장 똑똑한 사람이다.

11. 내 차가 니 차보다 비싸다.

12. 그는 그녀보다 부자가 될 것이다.

13. 나는 너보다 잘생겼었다.

14. 우리는 최고 중의 최고다.

15. 자동차가 자전거보다 빠르다.

16. 이것이 저것보다 가볍다.

17. 이 책이 저 책보다 두껍다.

18. 그것이 가장 어렵다.

> 더 나은 미래를 위해 하루 30분 아깝지 않죠?

DAY-14
생각하지 말자! 그냥 말하자!

1. I am fatter than her.
2. She is smarter than me.
3. Who is taller?
4. Which is bigger?
5. They are shorter than us.
6. He is the best basketball player.
7. I am not much stronger than him.
8. Why is she heavier than him?
9. He is kinder than her.
10. I am the smartest person on the earth.
11. My car is more expensive than yours.
12. He will be richer than her.
13. I was more handsome than you.
14. We are the best of the best.
15. A car is faster than a bicycle.
16. This is lighter than that.
17. This book is thicker than that book.
18. It is the most difficult.

> 비교급과 최상급은 보통 그 단어에 -er(더) -est(가장)를 붙여 표현하게 된다. 단어 뒤에 -er 이나 -est 를 넣었을 때 발음이 이상하다 싶으면 -er -est 대신 단어 앞에 more나 most를 붙여보자.

DAY-14 힘내어 큰소리로 아래를 말해보자!

1. 난 니가 그녀보다 키가 크다고 생각한다.
2. 난 그녀보다 너를 더 좋아한다.
3. 난 그보다 농구를 더 잘할 수 있다.
4. 넌 나보다 더 똑똑해지고 싶니?
5. 그녀는 너보다 꼭 키가 커야만 한다.
6. 이것이 가장 비싸다.
7. 그녀는 학급에서 가장 예쁘다.
8. 어떤 것이 가장 싸니?
9. 난 너보다 뚱뚱했었다.
10. 난 너보다 더 성공하고 싶다.
11. 그녀는 그보다 가난하다.
12. 난 너보다 건방지지 않다.
13. 난 그녀가 최고라고 생각한다.
14. 넌 나보다 키 클 수 있니?
15. 3030English는 최고의 책이다.
16. 난 그보다 너를 더 사랑한다.
17. 그는 나보다 더 겸손하지 않다.
18. 그들은 나보다 빨리 달릴 수 있다.

> 입버릇처럼 말하지만 완벽한 문장을 한 번 말하는 것보다 불완전한 문장을 세 번 말하는 것이 더 낫다.

DAY-14

이다도시씨를 아는가? 이다도시씨처럼 **발음이 조금 부족하더라도** 자신감 있게 말하자!

1. I think you are taller than her.
2. I like you more than her.
3. I can play basketball better than him.
4. Do you want to be smarter than me?
5. She has to be taller than you.
6. This is the most expensive.
7. She is the most beautiful in the class.
8. Which is the cheapest?
9. I was fatter than you.
10. I want to be more successful than you.
11. She is poorer than him.
12. I am not more arrogant* than you.

★ arrogant = 건방진, 교만한

13. I think she is the best.
14. Can you be taller than me?
15. 3030English is the best book.
16. I love you more than him.

★ humble = 겸손한

17. He is not more humble* than me.
18. They can run faster than me.

토요일엔 맥주와 축구를!

영국에서 토요일이면 수많은 사람들이 자기가 응원하는 팀의 경기를 보려고 축구 경기장을 찾는다. 그래서 영국 축구가 그렇게 발전한 건지도 모르겠다.
실력이 저조한 팀도 서포터즈들이 상당히 많다. 지역별로 팀이 있기 때문에 대부분 자기 고향 팀을 응원한다. 경기장에 가지 않는 대부분의 사람들은 Pub(술집)이나 친구집에 삼삼오오 모여 앉아 맥주를 마시며 TV로 축구를 관람한다. 영국에는 자기가 응원하는 팀의 경기를 한번도 빼먹지 않고 보는 사람들이 많이 있다.
여러분도 영국에 가면 토요일 밤에

영국인들의 축구 사랑 열기에 휩싸여 보길 바란다.

몸이 들썩들썩 거리며 모두가 하나가 되는 토요일. 물론 훌리건의 추태도 가끔 보게 되지만 그 모든 것이 재미있는 추억이 될 것이다.
저자인 나도 축구를 좋아하는 터라 K-리그도 영국처럼 고정 팬들이 더 늘었으면 하는 바람이다. K-리그가 발전할 때 한국 축구도 더욱 발전할 수 있기 때문이다.

한국 축구 화이팅!!

DAY-15일차

와우!

벌써 이 책의 반인 15일차이다.
여기까지 온 독자 여러분들은 참 대단하다. 12,900원으로 벌써 학원 1달 수강료 이상의 효과를 보았기 때문이다. 그것도 집 밖에 나가지 않고 말이다. 스스로 만족해하길 바란다. 끈기 있게 열심히 최선을 다하고 있는 자기 자신을 칭찬해도 좋다.

오늘은 14일차까지 말해본
모든 표현들을 다 섞고 섞어서 말해보자!

DAY-15

아래를 영어로 바꿔 말해보자! 크게 소리를 질러라!!

1. 난 너보다 더 뚱뚱해질 것이다.
2. 나는 그녀가 그것을 할 수 있다고 생각한다.
3. 그들은 뛰고 있는 중이다.
4. 너 내일 뭐 할 거니?
5. 그들은 우리보다 약하다.
6. 그녀는 나의 선생님이 틀림없다.
7. 내가 너의 진실한 친구가 되어줄게.
8. 그는 그녀보다 훨씬 빠르다.
9. 난 너의 좋은 남자친구가 될 수 있다.
10. 그녀는 왜 선생님이 되기를 원하니?
11. 그들은 성공해야만 한다.
12. 그가 슈퍼맨임에 틀림없다.
13. 난 그녀보다 뚱뚱해지길 원한다.
14. 그는 나와 사귀기를 원한다.
15. 비가 온다. 실내에 머물러라!
16. 내 차를 운전해라! 운전을 나보다 니가 더 잘한다.
17. 나에겐 당신이 최고입니다.
18. 왜 그들이 그들보다 편하니?

> 영어는 생각보다 쉽다.
> 어렵다는 편견을 버리자!

이 글을 읽고 있는 당신은 100점!
이런 글은 그냥 넘어가는 독자들도 많을 텐데…

1. I will be fatter than you.

2. I think she can do it.

3. They are running.

4. What will you do tomorrow?

5. They are weaker than us.

6. She must be my teacher.

7. I will be your true friend.

8. He is much faster than her.

9. I can be your good boyfriend.

10. Why does she want to be a teacher?

11. They have to be successful.

12. He must be the Superman.

13. I want to be fatter than her.

14. He wants to go out with me.

15. It's raining. Stay inside*!

★ inside=안에, 실내에
(반대는 outside)

16. Drive my car! You drive better than me.

17. You are the best to me.

18. Why are they more comfortable than them?

크게 말하자! 소리를 질러보자!

1. 난 너보다 더 빨리 달릴 것이다.
2. 그는 어디에 있니?
3. 그녀는 그보다 더 빨리 걸을 수 있다.
4. 난 그보다 더 느리게 운전해야만 했었다.
5. 넌 내일 뭐 하기를 원하니?
6. 난 무엇을 해야만 하니?
7. 그들은 형사들임이 틀림없다.
8. 그의 말을 들어라! 그는 나보다 현명하다.
9. 이 우산이 저것보다 크다.
10. 난 이 빵이 가장 맛있는 것 같다.
11. 넌 왜 그의 부인이 되기 원하니? 난 너를 사랑해.
12. 너는 그녀가 될 수 없다. 나를 내버려 둬!
13. 나 배고프다. 먹자!
14. 난 너보다 많이 먹을 수 있다.
15. 난 너와 함께 있고 싶다.
16. 왜 넌 학교에 가야만 하니?
17. 그녀는 어떤 클럽에 가는 것을 좋아하니?
18. 난 모기를 좋아하지 않는다.

> 언어는 입으로 말해야 한다고 다시 강조하고 싶다.

DAY-15 감정을 넣어 제스처도 사용하여 말해보자!

1. I will run faster than you.
2. Where is he?
3. She can walk faster than him.
4. I had to drive slower than him.
5. What do you want to do tomorrow?
6. What do I have to do?
7. They must be detectives*.

   ★ detective = 형사

8. Listen to him! He is wiser than me.
9. This umbrella is bigger than that one.
10. I think this bread is the most delicious.
11. Why do you want to be his wife? I love you.
12. You can't be her. Leave me!
13. I am hungry. Let's eat!
14. I can eat more than you.
15. I want to be with you.
16. Why do you have to go to school?
17. Which club does she like to go?
18. I don't like mosquitoes*.

    ★ mosquito = 모기

영어 학습의 왕도는?

아무런 노력도 하지 않았는데 마술처럼 영어 실력이 늘어나는 그런 방법은 없다. 그러니까 그런 방법을 찾지도 말고 현혹되지도 말기를 바란다.
그러나 확실히 나쁜 방법과 좋은 방법은 존재한다. 하나만 말하자면 무슨 방법이 되었든 간에 여러분이 영어로 말을 많이 하게 만드는 방법이라면 좋은 방법이고 그게 아니라면 나쁜 방법이라고 단언하고 싶다. 말을 해보지 않고 어떻게 말을 배울 수 있겠는가? 그리고 아무리 세계 최고의 영어 강사가 직접 당신을 가르친다 하더라도 당신의 마음에 열정이 없다면 결과는 뻔하다.
즉, 교재나 강사도 중요하지만 그보다 더 중요한 건 **당신의 열정**이다.
영어를 정복하겠다는 집념. 여기 15일차까지 온 여러분은
그런 면에서 **절반 이상 성공한 셈**이다. 여러분들의 열정이 아름답다.

짝짝짝~(J가 여러분께 보내는 박수)

DAY-16 일차

오늘은 말을 할 때 **문장과 문장 사이** 혹은 **단어와 단어 사이를 자연스럽게 연결해주는 표현**을 배워보도록 하자.
and, but, or, before, after, if, anyway, though, therefore, because 등이 바로 그런 연결 고리의 역할을 한다. 이러한 단어들을 가지고 자연스럽게 문장과 문장, 단어와 단어를 연결하는 표현을 말해보도록 하자!

벌써 이 책의 반절을 넘어섰다.
조금만 힘내자! 끝이 보인다.

DAY-16

이젠 조금 **긴 문장도 자연스럽게** 말해보자!

1. 난 너를 사랑하지만 너를 용서할 수는 없어.
2. 내가 돌아온 후, 그녀는 나와 살기를 원한다.
3. 너는 차를 사고 싶니 아니면 자전거를 사고 싶니?
4. 난 니가 떠난 후에 슬펐다.
5. 언제 그들은 차와 집을 사게 될까?
6. 왜 넌 학교 끝나고 뛰어야만 했니?
7. 내가 너의 컴퓨터를 방과 후에 고쳐줄게.
8. 넌 내가 좋니 아니면 그가 더 좋니?
9. 난 콘서트 전에 저녁을 먹었다.
10. 난 일 끝나고 너랑 놀고 싶다.
11. 당신과 J는 나의 선생님이 되어줄 수 있어요?
12. 그녀는 고등학교 졸업 후에 슈퍼모델이 되길 원한다.
13. 에밀리와 나는 결혼할 것이다.
14. 그녀가 나보다 더 뚱뚱하지만 난 여전히 그녀를 사랑한다.
15. 난 너를 사랑하고 너를 위해 기도하길 좋아해.
16. 3030English는 쉽지만 유용하다.
17. 떠나기 전에 나에게 키스해줘!
18. 넌 날 사랑하니 아니면 J를 사랑하니?

> 훨씬 자연스럽지 않은가?
> 앞으로 당신의 영어는
> 점점 자연스러워질 것이다.

DAY-16

아래의 문장들을 자연스럽게 끊어서 그리고
크게 말해보자!

1. I love you but I can't forgive* you.
2. She wants to live with me after I come back.
3. Do you want to buy a car or a bicycle?
4. I was sad after you left.
5. When will they buy a car and a house?
6. Why did you have to run after school?
7. I will fix your computer after school.
8. Do you like me or him?
9. I ate dinner before the concert.
10. I like to play with you after work.
11. Can you and Jay be my teachers?
12. She wants to be a supermodel after high school.
13. Emily and I will get married*.
14. She is fatter than me but I still love her.
15. I love you and I like to pray for you.
16. 3030English is easy but useful.
17. Before you leave, kiss me!
18. Do you love me or Jay?

★ forgive
=용서하다

★ get married
=결혼하다 (marry 보다 자주 쓰임)

DAY-16 : if, though, anyway, therefore, because를 넣어 말해보자!

1. 어쨌든, 집에 가자!
2. 니가 만약 날 떠나면 난 널 잊을 것이다.
3. 그들은 너희보다 크다. 그러므로 그들은 너희보다 느리다.
4. 그녀가 못생겼을지라도 난 그녀를 사랑한다.
5. 만약에 비가 오면 그들이 우산을 살까?
6. 이 차는 빠르다. 어찌됐든 간에 너는 이 차 사고 싶니?
7. 난 너보다 바쁘다. 그러므로 난 너보다 부자가 될 것이다.
8. 어쨌든, 넌 그녀를 사랑하니?
9. 난 그녀를 사랑한다. 그러므로 난 그녀와 결혼하고 싶다.
10. 그가 나쁜 사람일지라도 난 그가 좋다.
11. 만약에 니가 나랑 사귄다면 난 너를 행복하게 해줄 것이다.
12. 비록 그들은 졌지만 행복하다.
13. 어쨌든, 에밀리와 나는 결혼할 것이다.
14. 난 공부하기를 좋아한다. 그러므로 난 교수가 될 것이다.
15. 니가 나보다 잘생겼기 때문에 그녀는 너를 좋아하는 것이다.
16. 내일 눈이 온다면 난 학교에 가지 않겠다.
17. 어쨌든, 난 널 용서할 수 없어.
18. 그들은 경기에 이겨서 행복하다.

> 하루에 너무 많이 했나? 너무 많다 싶으면 분량을 이틀로 나누어 해도 좋다.

DAY-16 크게 크게 자신감을 가지고 말하자!

1. Anyway, let's go home!
2. If you leave me I will forget you.
3. They are bigger than you. Therefore, they are slower than you.
4. Though she is ugly, I love her.
5. If it rains, will they buy an umbrella?
6. This car is fast. Anyway, do you want to buy this car?
7. I am busier than you, therefore I will be richer.
8. Anyway, do you love her?
9. I love her, therefore I want to marry her.
10. Though he is a bad person I like him.
11. If you go out with me I will make you happy.
12. Though they lost, they are happy.
13. Anyway, Emily and I will get married.
14. I like to study, therefore I will be a professor.
15. She likes you because you are more handsome than me.
16. If it snows tomorrow, I will not go to school.
17. Anyway, I can't forgive you.
18. They are happy because they won the game.

> 흐름을 타자. 지금쯤이면 타야 한다. 흥얼거리며 신나게 해보자!

나랑 사귀자고?

영국에서의 일이다. 영국에 간 지 얼마 되지 않아서 한참 영어 때문에 고생하고 눈물 흘리던 시절. 랭귀지스쿨이 있는 같은 동네에 사는 예쁜 영국 소녀와 친해지게 되었다. 같이 어디 몰래 숨어서 담배도 피고 키득키득 웃기도 하고 이런저런 이야기도 하며 친해졌다.

그러던 어느날 그녀가 심각한 표정으로 나에게 이렇게 말하는 것이었다.

Do you want to go out with me?

난 물었다. Where? 그녀는 약간 어리둥절한 표정을 지었다. 난 웃으며 Where?라고 다시 물었다. 그러자 그녀는 약간 실망한 표정을 보이더니 그냥 가버렸다. 난 그때 그녀가 왜 그러는지 이해를 못했다. 하지만 며칠 뒤 알게 되었다.

Do you want to go out with me?는 나랑 외출할래?가 아니라
나랑 사귈래? 란 뜻이라는 것을…

DAY-17 일차

자, 긴 문장을 자연스럽게 연결해 말하는 표현들도 배워보았으니까
이제는 **더 자연스럽게 지금까지 말해본 모든
형태의 문장들을 섞어서** 자신있게 말해보자.
부드럽고 유창하게 말하는 연습을 할 때도 명심해야 할 것은 크게 말해야
한다는 것이다. 잊지 말자 기본을!

기본은 크게 말하는 것이다!

DAY-17 투박하게 말했던 표현들을 이제 좀 부드럽게!

1. 너 뭐 하는 중이니?

2. 어쨌든, 난 공부를 해야 한다.

3. 그는 누구야? 말해봐!

4. 넌 왜 클럽에 갔었니? 넌 춤추는 것을 좋아하니?

5. 그녀가 나를 좋아한다면 나는 기쁠 것이다.

6. 그녀가 뚱뚱하지만 나는 그녀와 춤추고 싶다.

7. 그녀는 한국인임에 틀림없다. 왜냐하면 성이 김씨기 때문이다.

8. 그녀는 착하다. 그러므로 그녀가 도둑일 리가 없다.

9. 왜 너는 야구를 해야만 하니?

10. 왜냐하면 나는 야구 선수이기 때문이다.

11. 그는 그 학교에서 키가 제일 큰 학생이다.

12. 그녀는 학생이 되기를 원한다.

13. 나는 학교 가기 전에 아침식사를 하고 싶다.

14. 니가 떠나기 전엔 난 널 잊을 수 없다.

15. 니가 날 때리면 난 널 용서하지 않겠다.

16. 넌 왜 그녀와 사귀고 싶은 거니?

17. 그녀는 착하다. 그래서 난 그녀와 사귀고 싶다.

18. 난 어제 학교에 가야만 했다.

> 점점 영어 실력이 늘어가는 자신을 보고 좀 놀라기 바란다!

DAY-17

아래 문장을 말해보아라!
눈으로 읽지 말고 말해보아라!

1. What are you doing?
2. Anyway, I have to study.
3. Who is he? Tell me!
4. Why did you go to a club? Do you like to dance?
5. If she likes me I will be happy.
6. Though she is fat I want to dance with her.
7. She must be Korean, because her last name* is Kim.
8. She is kind, therefore she can't be a thief.
9. Why do you have to play baseball?
10. Because I am a baseball player.
11. He is the tallest student in the school.
12. She wants to be a student.
13. I want to eat breakfast before I go to school.
14. Before you leave me I can't forget you.
15. If you hit me I won't forgive you.
16. Why do you want to go out with her?
17. She is kind, therefore I want to go out with her.
18. I had to go to school yesterday.

★ last name
=성(이름은 first name)

DAY-17

너무 깊게 생각하지 말자.
생각나는 대로 말해보자!

1. 너는 어디서 농구를 했니?
2. 그녀는 어디서 너를 보고 싶어하니?
3. 어쨌든, 숙제를 해!
4. 우리 농구하고 야구하자.
5. 나는 학교 가는 것을 좋아한다. 하지만 나는 공부하는 것을 좋아하지 않는다.
6. 그녀는 꼭 시험을 통과해야만 한다.
7. 니가 떠난 후 나는 미국으로 갈 것이다.
8. 그녀는 똑똑한 것이 틀림없다.
9. 난 너를 사랑한다. 왜냐하면 니가 나를 사랑하기 때문이다.
10. 그들은 왜 너희들과 수영하기를 원하니?
11. 비록 그들은 뚱뚱하지만 가장 빠르다.
12. 나는 콜라 마시는 것을 좋아한다.
13. 몇 시니? 난 7시에 학교에 가야 해.
14. 나는 고양이보다 강아지가 더 좋다고 생각한다.
15. 그녀는 집에서 잘 거니 아니면 호텔에서 잘 거니?
16. 그들은 어떻게 학교에 가기를 원하니?
17. 나는 밥과 빵을 먹어야만 했었다.
18. 난 내일 너를 위해 요리해야만 할 것이다.

Are you having fun?

Don't read! Speak loudly!

1. Where did you play basketball?
2. Where does she want to see you?
3. Anyway, do your homework!
4. Let's play basketball and baseball.
5. I like to go to school. But I don't like to study.
6. She has to pass the exam.
7. After you leave I will go to America.
8. She must be smart.
9. I love you. Because you love me.
10. Why do they want to swim with you?
11. Though they are fat they are the fastest.
12. I like to drink coke*.

★ 1탄에서 말했듯이… coke를 짧게 "콕"이라고 발음하지 말자. "콕"(cock)이라고 하면 그건 남자의 생식기이다.

13. What time is it? I have to go to school at 7.
14. I think dogs are better than cats.
15. Will she sleep at home or at a hotel?
16. How do they want to go to school?
17. I had to eat rice and bread.
18. I will have to cook for you tomorrow.

이미 나왔던 것들인데요?

그렇다 1탄에서 and나 but을 활용한 문장은 사용한 적이 있다.
그 외에도 1탄에서 한번 슬쩍 사용했던 것들을 **2탄에서 본격적으로 다시 말해본다.** 입에 익을 때까지 말해본다. 1탄에서는 시간상 설명하지 못하거나 집중적으로 보지 못하고 넘어갔던 것들을 2탄에서 더 자세히 해부해 보기로 한다. 그 이유는 1탄은 정말 쉽게 말문을 여는 것 그 자체에 초점을 맞추었기 때문이다.
하지만 2탄은 다르다. 이젠 여러분도 뭐가 뭔지 알아가면서 자연스러운 영어를 구사하여야 한다. 결과적으로 그걸 돕기 위해 2탄이 출판되었음을 잊지 말자.

자~ 자연스럽게 고급스럽게 좋은 발음으로
크게 자신있게 말해보자!

준비됐나요?

DAY-18 일차

오늘은 **장소를 나타낼 때 쓰이는 표현들**을 배워보자.
on, next to, in, opposite, behind, along, outside, near, in front of, inside, between A and B 등은 모두 장소를 나타낼 때 사용하는 표현들이다.
이러한 표현들을 기존에 배웠던 형태의 문장들에 가볍게 추가시켜 장소나 위치를 말해보자!

지칠 것 같으면 자기 자신에게 휴일을 주자!
힘들 땐 하루를 쉬었다 가는 것도 좋은 방법이다.

Translate the following into English!

1. 나의 집은 J 집 옆에 있다.
2. 너의 집은 이마트 옆에 있니?
3. 그는 서울에 몇 개의 점포를 가지고 있니?
4. 그녀의 학교는 우리 학교 맞은편에 있다.
5. 런던 대학교는 오른쪽에 있다.
6. 그의 사무실은 우리집 뒤에 있지 않다.
7. 나는 아파트에 산다.
8. 너희 집은 수원로(Street)에 있니?
9. 너는 침대에서 자는 것을 좋아하니?
10. 나는 그녀 뒤에 앉는 것을 좋아한다.
11. 그들은 서로의 차 반대편에 차를 주차하는 것을 좋아한다.
12. 왜 넌 내 옆에 앉아 있니?
13. 나는 한국에 사는 것이 좋다.
14. 그의 사무실은 2층에 있다.
15. 이마트는 너희 집 뒤에 있니?
16. 그 답들은 너의 머리 안에 있다.
17. 그녀는 연필 세 자루를 가방 안에 가지고 있다.
18. 난 책상 위에 선인장을 가지고 있다.

Are you enjoying it now?

아래 문장을 따라 말할 때는 최대한
발음과 억양에 신경써보자.

1. My house is next to Jay's.
2. Is your house next to E-mart?
3. How many stores does he have in Seoul?
4. Her school is opposite our school.
5. London university is on our right.
6. His office is not behind my house.
7. I live in an apartment.
8. Is your house on Suwon street?
9. Do you like to sleep on a bed?
10. I like to sit behind her.
11. They like to park their cars opposite to each other.
12. Why are you sitting next to me?
13. I like to live in Korea.
14. His office is on the second floor★.
15. Is E-mart behind your house?
16. The answers are in your head.
17. She has 3 pencils in her bag.
18. I have a cactus★ on the desk.

★ "~층"이란 표현 만드는 법은 "서수 + floor"

★ cactus = 선인장

DAY-18 between, along, near, in front of, inside, outside를 넣어 말해보자!

1. 나의 집은 이마트와 너의 학교 사이에 있다.
2. 한강을 따라가라.
3. 그것은 건물 밖에 있다.
4. 우리집은 너희 집에서 가까워.
5. 그녀의 학교는 이마트 앞에 있다.
6. 실내에 머물러라!
7. 나는 한강변에 있는 집을 사고 싶다.
8. 너 앞에는 뭐가 있니?
9. 넌 꼭 실내에 머물러야 하니?
10. 그녀는 그의 집 가까이에 살기를 원한다.
11. 너의 집은 여기서 가깝니?
12. 그녀의 집은 그 극장과 그 슈퍼마켓 사이에 있니?
13. 너의 차 앞에 무엇이 있니?
14. 나는 JK 빌딩 앞에서 집을 짓고 있는 중이다.
15. 그녀는 서울 근교에 사니?
16. 그들은 나의 가게 앞에서 자고 있다.
17. 난 한강을 따라서 뛰고 싶다.
18. 나는 이마트 가까이에 차를 주차했다.

> Are you speaking loudly?

DAY-18 between, along, near, in front of, inside, outside를 활용한 문장을 말해보자!

1. My house is between E-mart and your house.
2. Follow along the Han river.
3. It's outside the building.
4. Our house is near your house.
5. Her school is in front of E-mart.
6. Stay inside!
7. I want to buy a house along the Han river.
8. What's in front of you?
9. Do you have to stay inside?
10. She wants to live near his house.
11. Is your house near here?
12. Is her house between the cinema and the supermarket?
13. What is in front of your car?
14. I am building a house in front of the JK building.
15. Does she live near Seoul?
16. They are sleeping in front of my store*.
17. I want to run along the Han river.
18. I parked my car near E-mart.

★ store
=가게, 점포

성인 잡지를 즐겨보는 유학생?!

영어가 가장 빨리 느는 방법은 여러 번 말했듯이 영어로 말을 해보는 것이다.
말하는 것이 가장 빠르고 그 다음은 듣기나 읽기 등등. 어떤 방법으로든지 영어와 자주 접촉하는 것이 중요하다.

그런 의미에서 **영어를 접할 수 있는 취미를 하나 가지라고 권한다.**

예를 들어 일주일에 한번 자막 없는 미국 영화를 본다든지 아니면 영어 사이트에 가서 영어로 채팅을 하든지. 이렇게 자꾸 자기 자신을 영어에 노출시키도록 노력하자. 그럼 자기 자신도 모르는 사이에 영어가 향상될 것이다.

이건 그다지 좋은 예는 아니지만 예전에 영국에서 알고 지내던 유학생 친구 한 명은 밤마다 플레이보이라는 성인 잡지를 보았다. 모르는 단어는 사전을 찾아보며 아침에 코피가 날 정도로 열심히 보았다. 그 결과 그 친구는 한국 유학생 중에서 어휘력이 가장 풍부한 사람이 되었던 것 같다. 물론 표현이 하나 같이 조금 야하고 에로틱한 것들이어서 문제였지만…

지금은 어디서 뭐 하고 사니 친구야?
이름은 안 밝혔으니까 화내지 마라!!

DAY-19 일차

유후~ 또 **섞어 말하기 시간이다.**
뭐 섞어찌게는 아니지만 어찌됐든 섞어 말하기 시간이 돌아왔다는 것은
어제 새로운 것을 배웠단 말과 동일하므로 즐거운 시간이다.
다시 한번 힘을 내어 큰소리로 말하자! 그리고 기억하자.
이미 여러분의 어휘력이 많이 좋아졌기 때문에 한 가지 말을 여러 가지 다른 형태로
표현할 수 있을 것이다. 항상 정답은 없다.

자신감을 가지고 말해보자!

DAY-19 Why are you so quiet? Be noisy!

1. 그들은 싸우고 있다. 그들을 말려!
2. 내가 생각할 때 내 여자친구가 가장 예쁘다.
3. 그녀는 선생님일 수 있다.
4. 그녀는 공부를 열심히 해야 한다.
5. 그들은 무엇을 먹기를 원하니?
6. 어쨌든, 농구 하자!
7. 니가 떠난 후에 그녀는 울었어.
8. 나는 그녀의 집 맞은편에 살아.
9. 그녀는 어디서 공부하는 것을 좋아하니?
10. 그는 훌륭한 선생님이 될 것이다.
11. 비가 온다면 난 우산을 팔 것이다.
12. 너의 차는 그녀의 학교 앞에 있다.
13. 나의 부인은 중국 음식점과 일식집 사이에 서 있다.
14. 그들은 권투선수들임에 틀림없다.
15. 저 사람이 그녀일 수가 없다.
16. 한강을 따라서 뛰자.
17. 실내에서 놀아라!
18. 그녀는 집 옆에 앉아 있는 중이다.

> 우리말도 마찬가지지만 한 가지 뜻을 말하는 방법은 여러 가지이다.

꼭 이렇게 말해야 하나? 다르게 말할 수도 있는데…
맞다. 제시된 문장이 유일한 정답은 아니다.

1. They are fighting. Stop them!
2. I think my girlfriend is the most beautiful.
3. She can be a teacher.
4. She has to study hard.
5. What do they want to eat?
6. Anyway, let's play basketball!
7. After you left, she cried.
8. I live opposite to her house.
9. Where does she like to study?
10. He will be a great teacher.
11. If it rains, I will sell umbrellas.
12. Your car is in front of her school.
13. My wife is standing between the Chinese restaurant and the Japanese restaurant.
14. They must be boxers.
15. That can't be her.
16. Let's run along the Han river.
17. Play inside!
18. She is sitting next to Jim.

> 하나의 정답이 정해져 있지는 않다. 새로운 정답을 여러분이 만들 수도 있다.

DAY-19

지금까지 꾸준히 따라오신 독자는 J가 제시한 정답과 틀리더라도 **스스로 맞는지 아닌지 확인**할 수 있을 것이다.

1. 너의 아들은 무엇이 되고 싶어하니?
2. 그들은 그들 옆에 앉아 있다.
3. 너의 차는 어디에 있니?
4. 내 차는 지하에 있어.
5. 나는 의사가 될 수 있다.
6. 그녀는 그보다 더 뚱뚱하다.
7. 반에서 나의 아들이 제일 똑똑하다.
8. 어쨌든, 그녀와 결혼하지 마라!
9. 그들은 부자이지만 구두쇠다.
10. 나는 그녀와 데이트하는 것이 좋지 않다.
11. 너 어디 있니?
12. 난 그녀를 찰 수 없다. (사귀는 관계에서)
13. 너 내 옆에 있니?
14. 우리집은 그 극장 앞에 있다.
15. 학교에 가기 전에 연필을 사라!
16. 너는 사과를 먹을 거니 아니면 배를 먹을 거니?
17. 너의 여권은 책상 위에 있다.
18. 누구세요? 전 모르겠는데요.

> 하지만 우선은 J가 적어놓은 영어와 비슷하게 말하길 권한다.

DAY-19

아래를 크게 말하듯이 읽어보자.
대화한다고 상상하시기를…

1. What does your son want to be?
2. They are sitting next to them.
3. Where is your car?
4. My car is in the basement*.

   ★ basement
   =지하실

5. I can be a doctor.
6. She is fatter than him.
7. My son is the smartest in the class.
8. Anyway, don't marry her!
9. They are rich but stingy*.
10. I don't like to date her.

    ★ stingy
    =구두쇠

11. Where are you?
12. I can't dump her.
13. Are you next to me?
14. Our house is in front of the cinema.
15. Before you go to school, buy a pencil!
16. Will you eat an apple or a pear?
17. Your passport is on the desk.
18. Who are you? I don't know you.

방법의 중요성!

어떤 분들은 무조건 열심히 하면 된다고 하는 공부. 물론 틀린 말은 아니다. 무조건 열심히 하는 사람들은 대부분 그 과정에서 가장 좋은 방법을 스스로 터득하곤 한다.
영어 회화 공부도 그렇다. 죽어라 영어를 공부하면 효율적이진 못해도 영어 정복에 성공할 것이다. 하지만 여러분에게는 3030English가 있다. 영어 정복을 도와주는 이 책. 책이라는 표현보다 나는 도구라고 말하고 싶다. 지금까지 나온 방법 중에서는 당연 제일 효율적인 방법이라고 자신있게 말하고 싶다. 책을 가만히 보면 알겠지만 군더더기 같은 설명은 없고 거의 다 **말하기를 시켜주는 "대사"들뿐**이다.
무슨 역사 과목처럼 한참 설명해서 정복할 수 있는 것이 영어라면 우리 민족에게 훨씬 유리할지 모른다. 하지만 영어는 그렇지 않다.
체면을 버리고 얼굴에 철판을 깔고 크게 떠들 때만 실력이 향상될 수 있는 과목이다.
동방예의지국의 자손들이여! 예의는 하루하루 살아가는 생활에서 지키고, 영어 공부할 때는 좀 뻔뻔스럽게 하자.

그러니까 믿음을 갖고 최선을 다하자!
믿는 만큼만 이루어질 것이다~ ㅋㅋㅋ

DAY-20 일차

오늘 새로 말해볼 표현은
"왕년에 무엇했었다" 와 "왕년에 무엇이었다" 이다.
만드는 방법은 〈used to + 동사원형〉과 〈used to + be동사〉라고 하면 된다.
예를 들면 '나도 한때는 인기 많았는데…' 라든가 '나도 왕년에는 한 미모했었는데…' 와
같은 뭐 이런 표현이다.

예를 들어 '난 왕년에 농구했었다.' 는 I used to play basketball. 이고,
'난 왕년에 유명한 농구선수였다.' 는 I used to be a famous basketball player. 라고
한다.

자 이제는 자신의 왕년은 어떠했는지
자신있게 말해봅시다~~

DAY 20 아래를 크게 크게 노래 부르듯이 말하자!! 랄~라라!

1. 나는 하루에 4끼씩 먹곤 했었다.
2. 넌 국가대표 선수로 경기했었니?
3. 그녀는 야구를 했었다.
4. 그는 제인이랑 사귀었었다.
5. 넌 어떤 포지션으로 경기했었니?
6. 나는 마돈나를 좋아했었다.
7. 난 나의 부모님과 함께 살았었다.
8. 그들은 여기에 살았었다.
9. 너는 어디서 밥을 먹곤 했었니?
10. 그들은 축구를 하지 않았었다.
11. 우리는 여기서 TV를 보곤 했었다.
12. 난 한강을 따라 뛰었었다.
13. 그녀는 이마트 주변에 살았었니?
14. 그는 그런 짓은 하지 않았었다.
15. 그녀는 이 클럽에서 춤추곤 했었다.
16. 넌 어디서 살았었니?
17. 그녀는 우리 가게 뒤에서 살았었다.
18. 난 드럼을 쳤었다.

> 다시 말하지만 조금 버벅거린다 싶으면 될 때까지 다시 또 말하기 연습을 해보자!

DAY-20

상상의 나래를 펼쳐보자~
여러분은 지금 **외국인과 대화**하고 있다.

1. I used to eat 4 meals* a day.

   ★ meal = 식사

2. Did you use to play for the national team*?

   ★ national team = 국가대표팀

3. She used to play baseball.

4. He used to go out with Jane.

5. What position did you use to play?

6. I used to like Madonna.

7. I used to live with my parents.

8. They used to live here.

9. Where did you use to eat?

10. They didn't use to play soccer.

11. We used to watch TV here.

12. I used to run along the Han river.

13. Did she use to live near E-mart?

14. He didn't use to do that.

15. She used to dance in this club.

16. Where did you use to live?

17. She used to live behind my store.

18. I used to play drums.

DAY-20 이번에는 Be동사를 이용하여 말해보자.

1. 그녀는 똑똑했었다.
2. 그들은 여기 있었니?
3. 나는 럭비선수였다.
4. 그들은 말랐었다.
5. 그녀는 제인보다 뚱뚱했었다.
6. 우리는 한국에서 가장 부유한 집안이었다.
7. 너는 가장 용감했었니?
8. 이 차는 가장 비싼 세단이었다.
9. 넌 학급에서 가장 똑똑했었다.
10. 어떤 나라가 야구를 가장 잘했었니?
11. 나는 래퍼였었다.
12. 그녀는 유명한 가수였었다.
13. 강타는 HOT에 있었다.
14. 나는 잘생겼었다.
15. 그들은 어디에 살았었니?
16. 난 유명한 군인이었다.
17. 그는 나의 영웅이었다.
18. 슈퍼맨은 더 빨랐었다.

> used to는 '왕년에 무엇무엇이었다' 라는 아주 유용한 표현이다. 특히 왕년에 좀 놀아본 사람은 필히 익히셔야...ㅋㅋㅋ

DAY-20

아래를 다시 한번 크게 읽자.
아니다 **읽지 말고 말하자!**

1. She used to be smart.
2. Did they use to be here?
3. I used to be a rugby player.
4. They used to be thin.
5. She used to be fatter than Jane.
6. We used to be the richest family in Korea.
7. Did you use to be the bravest?
8. This car used to be the most expensive sedan.
9. You used to be the smartest in the class.
10. Which country used to be the best at baseball?
11. I used to be a rapper.
12. She used to be a famous singer.
13. Kangta used to be in HOT.
14. I use to be handsome.
15. Where did they use to live?
16. I used to be a famous soldier.
17. He used to be my hero.
18. Superman used to be faster.

> J used to be very popular among girls.

책을 두 배로 즐기는 방법!

아래 몇 가지 Tip이 있다. 읽어보고 실천하기를 바란다.
1. 이틀에 한번 섞어 말하기를 하는데 그때마다 자기 자신을 돌아보고 못한다 싶으면
   그 전일차를 다시 하자. 안 되면 될 때까지 연습하자.
2. 영어 문장을 답안지라고 생각하지 말자. 그것을 할리우드 영화 대사라고 생각하고
   자기 자신이 배우라는 생각으로 연기하듯 말해보자. 최대한 감정을 실어서…
3. 집에서 책으로 공부한 후에 이동하며 테이프를 듣고 따라하자.
   테이프는 하루차당 최소한 3번 이상 듣고 따라하자.
4. 너무 힘들고 지쳐서 공부하기 싫은 날은 그냥 쉬자! 대신 다음 날은
   다시 시작하는 마음으로 영어와 싸우자!
5. 마지막으로 여러분의 사랑스런(?) 강사 김지완이 항상 여러분과 함께
   공부한다고 상상하자!

위의 지시 사항대로 열심히 따라했는데 영어가 안 될 리가 없다.

안 된다면 내손에 장을!! (된장으로? 아니면 고추장으로?!)

DAY-21 일차

오늘은 또 섞어 말하기이다. 이 시간을 그냥 쉽게 생각하고 대충 넘어가지 말자.
지금까지 자신이 얼마나 충실히 공부했는지
자기자신을 테스트해보는 시간으로 활용하자.
주위의 친구한테 한국말을 읽어 달라고 한 후에 이를 영어로 말해보는 것도
좋은 훈련 방법이 될 수 있을 것이다.

다시 한번
자신감을 가지고 영어와 승부를 해보자!!

아래를 자신있게 영어로 말해보자!!

1. 나는 그녀와 데이트하는 것이 좋다.
2. 학교에 가기 전에 펜을 사라!
3. 이것은 사실임에 틀림없다.
4. 나는 야구를 했었다.
5. 난 너의 선생님이 되고 싶다.
6. 난 감기에 걸렸다. 난 쉬어야 한다.
7. 그녀는 부자가 될 수 있다.
8. 그녀는 유명한 골프선수였었다.
9. 반에서 나의 딸이 제일 똑똑하다.
10. 그들은 우리 옆에 앉아 있다.
11. 어쨌든, 숙제를 해!
12. 왜 너는 축구를 해야만 하니?
13. 비록 그녀는 못생겼지만 나는 그녀와 같이 춤추고 싶다.
14. 난 그보다 바쁘다. 그러므로 난 그보다 부자이다.
15. 난 너보다 훨씬 튼튼하다.
16. 난 너와 항상 함께할 것이다.
17. 그는 그녀보다 뚱뚱했었니?
18. 난 바뻐. 그러므로 난 너와 함께 할 수 없어.

> 어려우면 다시 하자! 항상 재미있게 가르쳐 주고 싶지만 때론 어려운 것들도 있다.

DAY-21 큰소리로 말해보자!! 아자! 아자!

1. I like to date her.
2. Before you go to school, buy a pen!
3. This must be true.
4. I used to play baseball.
5. I want to be your teacher.
6. I have a cold. I have to rest.
7. She can be rich.
8. She used to be a famous golfer.
9. My daughter is the smartest in the class.
10. They are sitting next to us.
11. Anyway, do your homework!
12. Why do you have to play soccer?
13. Though she is ugly, I want to dance with her.
14. I am busier than him. Therefore I am richer than him.
15. I am much stronger than you.
16. I will always be with you.
17. Did he use to be fatter than her?
18. I am busy. Therefore I can't be with you.

> 지금까지 배운 내용들이 술술 나오는가? 아니어도 기죽지 말자. 다시 시작하면 되니까

DAY-21
너무 느리게 말하지 말고 생각보다
입이 먼저 앞서 가기를 바란다.

1. 그녀는 아름다웠다.
2. 그녀가 그보다 더 빨리 걸을 수 있니?
3. 그들은 무엇을 마시기를 원하니?
4. 난 그보다 농구를 더 잘할 수 있다.
5. 그들은 우리보다 강하다.
6. 그녀는 어떤 클럽에 가는 것을 좋아하니?
7. 난 너보다 더 바빠질 거야.
8. 난 너를 찰 수 없다. (사귀는 사이에서)
9. 넌 내가 좋니 아니면 그가 좋니?
10. 난 그녀를 사랑하지만 그녀를 용서할 수는 없어.
11. 그녀가 날 떠나면 난 그녀를 잊을 것이다.
12. 비록 그는 나쁜 사람이지만 난 그가 좋다.
13. 그녀는 착하다. 그러므로 그녀는 도둑일 리가 없다.
14. 그들은 그녀 옆에 앉아 있다.
15. 나는 스파게티와 빵을 먹어야만 했었다.
16. 한강을 따라 뛰어라!
17. 나는 이마트 가까이에 차를 주차했다.
18. 왜 그녀는 아파트에 사니?

> 언어는 생각할 틈이 없이 빨리 나와야 정상이다. 생각하지 말고 그냥 말하자! 내뱉자!!

DAY-21

자신의 발음이 좋지 않다고 생각되면
발음에 조금만 신경쓰자!!

1. She used to be beautiful.
2. Can she walk faster than him?
3. What do they want to drink?
4. I can play basketball better than him.
5. They are stronger than us.
6. Which club does she like to go?
7. I will be busier than you.
8. I can't dump* you.
9. Do you like me or him?
10. I love her but I can't forgive her.
11. If she leaves me, I will forget her.
12. Though he is a bad person, I like him.
13. She is kind, therefore she can't be a thief.
14. They are sitting next to her.
15. I had to eat spaghetti and bread.
16. Run along the Han river!
17. I parked my car near E-mart.
18. Why does she live in an apartment?

★ dump=(사귀는 사이에서) 차다, 버리다

발음에 대한 J의 어려움!!!

나도 유학 초창기 시절 영어 발음 때문에 고생을 많이 했다. 난 럭비팀에서 맹활약을 했었다.(검증 안 된 사실이지만 ㅋㅋㅋ) 럭비란 단어에 R이 들어가는데 그 당시에 난 R과 L을 발음하는 것을 상당히 어려워했었다.

그래서 난 하루에 10번도 더 영국 친구들을 잡아놓고 내 발음이 맞냐고 묻고 항상 혼잣말로 R과 L이 들어간 단어들을 번갈아 말하곤 했었다. 그렇게 3개월 정도 연습하고 난 뒤에 나는 R과 L을 확실히 구분하여 말할 수 있게 되었다.

그렇다. 발음을 교정하는 것은 **우연히 이루어지는 그런 것이 아니다. 자기 자신의 노력이 필요하다.**

만약 당신이 잘 발음하지 못하는 것들이 있다면 오늘부터 그 발음이 들어간 단어들을 쭉 적어 놓고 큰소리로 말하는 연습을 하자. 스스로 교정하자. 그리고 영어를 잘하는 친구들에게 물어보자! 그렇다 인생에서 공짜로 얻어지는 게 무엇이 있겠는가?

모든 것은 노력의 산물이다.

영어를 정복하는 그날까지!!!

DAY-22 일차

오늘은 예의 바르게 말하는 방법을 배워보자.
May와 Shall을 사용하여 말하는 것인데
사용 방법은 Can처럼 그냥 자연스럽게 사용하면 된다.
Can I ~?라고 하던 것을 May I ~?로 대치하면 되는데 그 뜻은 Can I ~?라고
할 때와 같지만 훨씬 더 예의 바른 표현이 된다는 것을 기억하자.

그리고 Shall은
"우리 무엇무엇 할까요?"라는 표현에 사용하는데,
Can이 들어갈 자리에 Shall을 살짝 넣어주기만 하면 된다.

자 이젠 공손히 영어로 말해봅시다.

DAY-22

이번엔 **공손한 억양**으로 한번 말해보자.

1. 제가 여기 앉아도 되겠습니까?
2. 우리 춤출까요?
3. 우리 지금 갈까요?
4. 제가 가도 되겠습니까?
5. 당신은 들어와도 좋습니다.
6. 당신 전화번호를 물어봐도 되겠습니까?
7. 농구를 해도 되겠습니까?
8. 당신 차 옆에 제 차를 주차해도 되겠습니까?
9. 우리 내일 저녁 먹을까요?
10. 우리 영화 볼까요?
11. 성함을 알려주시겠습니까?
12. 우리 무엇을 할까요?
13. 제가 도와드릴까요?
14. 우리 숙제할까요?
15. 입장하시면 안 됩니다.
16. 우리 이거 살까요?
17. 제가 질문에 답해도 되겠습니까?
18. 커피 한 잔 마셔도 되겠습니까? (커피 주세요.)

> 쉬운가? 아마도 쉬울 것이다. 하지만 쉽다고 그냥 넘어가지 말고 입에 완전히 익숙해질 때까지 말해보자.

아래를 큰소리로 하지만 공손하게 말해보자!

1. May I sit here?
2. Shall we dance?
3. Shall we go now?
4. May I go?
5. You may enter.
6. May I ask your phone number?
7. May I play basketball?
8. May I park my car next to your car?
9. Shall we eat dinner tomorrow?
10. Shall we watch a movie?
11. May I have your name?
12. What shall we do?
13. May I help you?
14. Shall we do our homework?
15. You may not enter.
16. Shall we buy this?
17. May I answer your question?
18. May I have a cup of coffee?

> 이젠 공손하게도 말 할 줄 아는 여러분이 J는 자랑스럽다.

DAY-22
기억하자. 공손하다고 작게 말할 필요는 없다!

1. 제가 물을 좀 마셔도 될까요?
2. 우리 노래 크게 부를까요?
3. 이제 우리 시작할까요?
4. 이제 뛰어도 되나요?
5. 당신은 여기에 머무르셔도 좋습니다.
6. 제가 당신의 차를 팔아 드릴까요?
7. 제가 이 편지를 미국으로 보내도 되겠습니까?
8. 제가 당신의 머리를 잘라도 되겠습니까?
9. 우리 호텔에서 잘까요?
10. 우리 깜짝 파티를 할까요?
11. 제가 먼저 골라도 되겠습니까?
12. 우린 무엇을 그릴까요?
13. 제가 이 책을 읽어도 되겠습니까?
14. 우리 한국말로 말할까요?
15. 여기에 앉으면 안 됩니다.
16. 우리 지금 식사할까요?
17. 제가 질문 하나 해도 되겠습니까?
18. 제가 그 카드를 봐도 될까요?

> 이런 예의 바른 표현은 주로 어른에게나 공공기관에 갔을 때 사용하면 좋다.

DAY-22 또 신나게 영어로 수다떠는 시간이다!

1. May I drink some water?
2. Shall we sing loudly?
3. Shall we begin now?
4. May I run now?
5. You may stay here.
6. May I sell your car?
7. May I send this letter to America?
8. May I cut your hair?
9. Shall we sleep in a hotel?
10. Shall we throw a surprise party★?
11. May I choose first?
12. What shall we draw?
13. May I read this book?
14. Shall we speak in Korean?
15. You may not sit here.
16. Shall we eat now?
17. May I ask a question?
18. May I see the card?

★ throw a party
= 파티를 열다

너무 예의 바른 Jay?

나는 영국의 사립학교(나름대로 명문)를 나왔기 때문에 항상 말할 때 please나 sir 등을 사용는 게 습관이 되어 있었다. 그래서 미국으로 갓 넘어가 대학에 입학했을 때 나의 말투 때문에 친구들의 놀림을 받은 적이 있다.
하루는 미국에서 태어나 자란 교포 친구들과 음식점에 갔었다.

나는 그냥 습관대로 이렇게 말했다.
May I have a cup of coffee please?
그리곤 웨이터가 커피를 가져다 주었을 때는 습관대로 나도 모르게
Thank you, sir. 라고 했다.
그러자 친구들이 웃으며 니가 무슨 왕족이냐고 묻는 것이 아닌가.
그 친구들은 주문할 때 그냥 이렇게 하는 것이었다.

Coffee, please. 이렇게 약식으로…
그날 이후로 한동안 난 왕족이라는 놀림을 당했었다.

DAY-23 일차

또 신나게 섞어 말해보자!
지금까지 말해본 모든 표현들을 가지고 영어로 말해보자.

이제 24일차까지만 하면 새로운 것을 배우는 것도 끝이다. 즉 하루 남았다는 것이다.
그러니까 가벼운 마음으로 말해보자!

오늘도 새로 시작한다는 마음으로
열정을 가지고 말해보자!

DAY-23

아래 우리말을 영어로 말해보자.
틀려도 상관없으니 크게 말하자.

1. 우리 그의 집에서 잘까요?
2. 그들은 아프다. 난 그들을 위해 기도해야 한다.
3. 몇 시니? 난 6시에 학교에 가야 해.
4. 그는 학교에서 제일 뚱뚱한 학생이다.
5. 우리는 이것을 요리해야 한다.
6. 그들은 무슨 요리하기를 좋아하니?
7. 나는 그녀와 아점(아침 겸 점심) 먹는 것을 좋아한다.
8. 난 앨범을 발표하고 싶었다.
9. 우리 맥주 좀 마실까요?
10. 난 일 끝나고 너랑 야구하고 싶어.
11. 나에겐 당신이 최고입니다.
12. 그들은 어제 학교에 오지 않았다.
13. 제가 들어가도 될까요?
14. 너의 자전거는 어디 있니? 난 그것을 고치고 싶어.
15. 그녀는 어디에 있니? 난 그녀와 얘기를 하고 싶어.
16. 이것은 좋은 차야. 난 그것을 운전하고 싶어.
17. (왕년에) 난 국가대표팀 축구 선수였다.
18. 난 목마르다. 우리 물 좀 마실까요?

> Are you having fun?

DAY-23 Do you like 3030English?

1. Shall we sleep in his house?
2. They are sick. I have to pray for them.
3. What time is it? I have to go to school at 6.
4. He is the fattest student in the school.
5. We have to cook this.
6. What do they like to cook?
7. I like to eat brunch with her.
8. I wanted to release* an album.

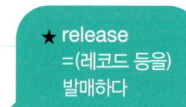

★ release
=(레코드 등을)
발매하다

9. Shall we drink some beer?
10. After work, I want to play baseball with you.
11. To me, you are the best.
12. They didn't come to school yesterday.
13. May I come in?
14. Where is your bicycle? I want to fix it.
15. Where is she? I want to talk to her.
16. This is a good car. I want to drive it.
17. I used to be a national team soccer player.
18. I am thirsty. Shall we drink some water?

DAY-23
26일차부터 해야 하는
대화를 위해 열심히 준비하자!

1. 난 가르치는 것을 좋아한다. 그러므로 난 선생님이 될 것이다.
2. 제가 지금 당신께 전화해도 되나요?
3. 난 너를 사랑해. 너 나랑 사귈래?
4. 난 한강을 따라 뛰곤 했었다.
5. 너 나랑 헤어지고 싶니?
6. 우리 여기서 춤출까요?
7. 그녀는 런던 근교에 사니?
8. 이거 좋은 시계군요. 그거 살게요.
9. 당신의 전화번호를 물어봐도 되겠습니까?
10. 내 차를 운전해라! 니가 나보다 운전을 더 잘하잖아.
11. 제가 노래해도 될까요?
12. 그는 그녀보다 키가 크다.
13. 나는 야구를 해야 한다.
14. 난 그녀가 좋아. 난 바보인 게 틀림없어.
15. 그는 비록 나쁜 사람이지만 난 그가 좋다.
16. 우린 무엇을 그릴까요?
17. 난 당신을 사랑합니다. 나의 아내가 되어 줄 수 있나요?
18. 우리가 챔피온인 게 틀림없다.

> 크게 말하는 사람과 작게 말하는 사람의 학습 결과 차이는 엄청나다.

DAY-23
Do you love English?
Do you love Jay? ㅋㅋㅋ

1. I like to teach, therefore I will be a teacher.
2. May I call you now?
3. I love you. Will you go out with me?
4. I used to run along the Han river.
5. Do you want to break up with me?
6. Shall we dance here?
7. Does she live near London?
8. This is a good watch. I will buy it.
9. May I ask your phone number?
10. Drive my car! You drive better than me.
11. May I sing?
12. He is taller than her.
13. I must play baseball.
14. I like her. I must be stupid.
15. Though he is a bad person, I like him.
16. What shall we draw?
17. I love you. Can you be my wife?
18. We must be the champions.

> I love English. Do you?

왜 J선생은 1시간 수업에 20분은 노는지?

이런 말 들어봤는가? 공부 못하는 사람이 책상에 오래 앉아 있다고. 나는 그 말에 전적으로 동의한다. 물론 경우에 따라서는 24시간 앉아서 공부해야 할 경우도 있을 것이다. 하지만 내가 강의를 해본 경험에 비추어 보면 수강생들이 가장 효율적으로 집중할 수 있는 시간은 30분에서 길어야 40분 정도이다. 즉, 학원 강의 시간이 보통 1시간인데 1시간 동안 계속 가르친다고 해서 학생들이 1시간 분량을 다 받아들이는 게 아니라는 말이다.

그래서 본인은 40분만 아주 집중적으로 가르치고 나머지 20분은 그냥 사는 이야기나 이런저런 입담을 하면서 수업을 마치는 편이다. 또 그렇게 할 때 수강생들도 40분만 열심히 하면 20분은 편하게 쉴 수 있겠구나 하는 마음에 더 열심히 하게 된다.

3030English에서 하루 30분이라는 것도 바로 그런 맥락에서 나온 것이다.

의미 없는 **매너리즘에 빠진 1시간 공부보다 30분간 집중해서 공부하는 것이 훨씬 효율적**이라는 것이다.

여러분이 몸소 체험하고 있지 않은가?

앞으로 학원에 가서 공부하든 다른 책으로 공부하든 기억했으면 하는 것은

바로 **집중력이다!!**

DAY-24 일차

오늘은 **현재완료형으로 말해보도록 하자.**
현재완료형은 과거의 경험이나 과거의 어느 시점부터 현재의 어느 시점까지 무엇을
하였다는 말을 할 때 쓴다. 그러므로 과거형(과거 일회성)과는 다른 것이다.
예를 들어 '나는 농구를 해본 적이 있다.' 라는 말을 하려면 현재완료를 사용한다.
또 '나는 6살 때 이후로 계속 야구를 했다.' 라는 표현 역시 현재완료를 사용해 말한다.

나는 농구를 해본 적이 있다. (경험) I have played basketball.
나는 6살 때 이후로 계속 야구를 했다. (과거의 한 시점부터 현재의 어느 시점까지 계속)
I have played baseball since I was 6 years old.

Let's enjoy English!

1. 난 야구를 해본 적이 있다.
2. 그녀는 수학을 공부해 왔다.
3. 바닷가재 먹어본 적 있니?
4. 넌 여자친구 있어본 적이 있니?
5. 넌 제이를 본 적이 있니?
6. 넌 이 책을 읽어본 적이 있니?
7. 그들은 나에게 편지를 쓴 적이 있다.
8. 그녀는 오토바이를 운전해본 적 있니?
9. 넌 그 새로운 노래를 들어보았니?
10. 그는 5시간 동안 자고 있다.
11. 너 김씨를 만나본 적 있니?
12. 그녀는 나무에서 떨어진 적이 있다.
13. 마라톤에서 뛰어본 적이 있니?
14. 그녀는 떠난 이후에 편지를 보낸 적이 없다.
15. 난 그에게 말해본 적이 없다.
16. 넌 그 앞에서 노래를 불러본 적이 있니?
17. 그는 너에게 그것을 말했다.
18. 난 나의 담배를 그에게 준 적이 있다.

> 완료형으로 말하려면 동사의 과거분사형을 알아야 한다.

큰소리로 경험을 말해보자!

1. I have played baseball.
2. She has studied math.
3. Have you eaten a lobster?
4. Have you had a girlfriend?
5. Have you seen Jay?
6. Have you read this book?
7. They have written to me.
8. Has she driven a motorcycle?
9. Have you heard the new song?
10. He has slept for 5 hours.
11. Have you met Mr. Kim?
12. She has fallen from a tree.
13. Have you run in a marathon?
14. She hasn't sent me a letter since she left.
15. I haven't spoken to him.
16. Have you sung in front of him?
17. He has told you that.
18. I have given my cigarette to him.

> 불규칙 동사의 과거분사형은 사전의 동사 활용편을 참고하자.

DAY-24 어려운가? 문법적으로 확인하고 싶으면 중학교 동생이나 조카의 문법책에서 **현재완료형**을 한번 훑어 보자.

1. 넌 미국에 가본 적 있니?
2. 그녀는 미국에 가버렸다.
3. 너는 레몬을 먹어본 적이 있니?
4. 난 아직 안 먹었다.
5. 넌 어디 가봤니?
6. 그녀는 어디로 가버렸니?
7. 넌 벌써 그 영화를 보았니?
8. 난 이미 그 영화를 보았다.
9. 그는 그 마라톤을 5번이나 달렸다.
10. 그들은 왜 학교로 가버렸니?
11. 그녀는 8시 이후로 계속 잤다.
12. 그때 이후로 계속 상황이 바뀌었어요.
13. 난 타이슨을 상대로 싸워본 적이 있다.
14. 난 2년째 서울에 살고 있다.
15. 아이들은 모두 어디로 가버린 거니?
16. 난 런던에 가본 적이 없다.
17. 그는 5시간 동안 계속 말을 했다.
18. 그녀가 너를 떠나버렸니?

> 2탄에서 새로운 것이 나오는 것도 마지막 이므로 끝까지 최선을 다하길 바란다.

DAY-24 아래를 큰 소리로 말해보자! 아싸!

1. Have you ever been to America?
2. She has gone to America.
3. Have you ever eaten a lemon?
4. I haven't eaten yet.
5. Where have you been to?
6. Where has she gone to?
7. Have you seen the movie yet?
8. I have already seen the movie.
9. He has run the marathon 5 times.
10. Why have they gone to school?
11. She has slept since 8 o'clock.
12. Things have changed since then.
13. I have fought against Tyson.
14. I have lived in Seoul for two years.
15. Where have all the children gone?
16. I haven't been to London.
17. He has spoken for 5 hours.
18. Has she left you?

'난 어디 가본 적이 있다'를 이젠 고급스럽게 말할 수 있다.

J의 현재완료 강의!

1. 과거 : 과거형은 과거 한 시점에서 일어난 일을 말한다.

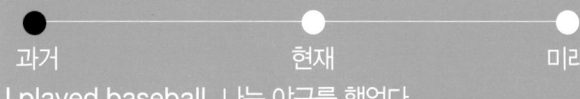

I played baseball. 나는 야구를 했었다.

2. 현재완료 : 현재완료형은 과거 어느 시점부터 현재 어느 한 시점까지 일어난 일.
   (단 지금 당장 진행형으로 하고 있는 것은 현재완료 진행형으로 말한다.)

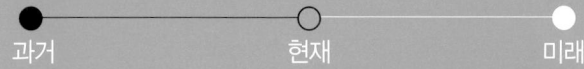

I have played baseball since 10 years old.
나는 10살 이후로 야구를 했다.

조금 이해가 되었는가? 설명이 부족하다면 아까도 말했듯이 문법책을 한번 보기를 바란다. 개념잡기 힘든 부분이 바로 현재완료형이다. 하지만 너무 걱정하지 말자. 항상 그래왔듯 말해봄으로써 입에 익히자.

그럼 아하! 그렇구나! 하면서
어느 순간 머리에 불이 띵 하고 들어오게 된다.
누구나 처음엔 어려워하는 부분이므로 기죽지 말고 힘내자!

DAY-25 일차

이제 2탄에서 학습이라고 할 수 있는 부분은 모두 끝났다.
오늘은 **1탄부터 지금까지 나온 모든 문장을 섞어서 말하는 연습을 하자.**
즉, 총 복습 시간이다. 지금까지 배운 표현들이 너무 많아서 헷갈릴 수도 있겠지만 저자의 안내대로 열심히 따라오신 독자들이라면 충분히 소화해 내리라 생각된다.
26일차부터는 신나는 일상대화이므로 오늘은 내일을 기대하며 최선을 다하길 바란다.

그럼 힘을 내어 봅시다!!

DAY-25 지금까지 학습한 내용들을
섞어 섞어 말해봅시다!

1. 나는 어제 3권의 책을 읽었지만 피곤하지 않다.
2. 그가 배트맨임에 틀림없다.
3. 너는 무얼 하는 것을 좋아하니?
4. 우리는 좋은 친구가 되고 싶지 않아.
5. 난 그녀보다 키가 커지고 싶다.
6. 왜 넌 집에 가야 하니?
7. 난 런던을 사랑한다. 난 거기에 있기를 원한다.
8. 난 너를 사랑해. 그러므로 난 너랑 결혼하고 싶어.
9. 넌 날 사랑하니 아니면 J를 사랑하니?
10. 어쨌든, 나는 에밀리와 결혼할 것이다.
11. 제가 여기 앉아도 되겠습니까?
12. 그의 사무실은 5층에 있다.
13. 그녀는 이 술집에서 춤췄었다.
14. 어쨌든, 난 널 용서할 것이다.
15. 우리는 그것을 할 수 있어. 열심히 노력하자!
16. 그는 그녀보다 훨씬 작다.
17. 난 반에서 가장 빠르다.
18. 넌 뉴욕에 가본 적이 있니?

> 만약에 쉽게쉽게 나온다면 당신은 정말 훌륭히 따라온 것이다.

Speak with confidence!
자신감을 가지고 말해보자!

1. I read 3 books yesterday but I am not tired.
2. He must be the Batman.
3. What do you like to do?
4. We don't want to be good friends.
5. I want to be taller than her.
6. Why do you have to go home?
7. I love London. I want to be there.
8. I love you, therefore I want to marry you.
9. Do you love me or Jay?
10. Anyway, I will marry Emily.
11. May I sit here?
12. His office is on the 5th floor.
13. She used to dance in this bar.
14. Anyway, I will forgive you.
15. We can do it. Let's try hard.
16. He is much smaller than her.
17. I am the fastest in the class.
18. Have you been to New York?

자주 등장하는 인물 J는 누구일까요? 모르면 사오정!

열심히 말한 당신 또 말해라!!

1. 난 이 가방 안에 꽃을 좀 가지고 있다.
2. 나는 야구를 했었다. 하지만 지금은 안 한다.
3. 난 천재임이 틀림없어.
4. 넌 어떻게 거기에 갔니?
5. 수술 후에 나는 톰같이 될 것이다.
6. 그녀는 11살 이후로 계속 영어를 공부했다.
7. 제가 당신 질문에 답해도 되겠습니까?
8. 그는 유명한 가수였다.
9. 난 이 끔찍한 영화를 더 이상 볼 수 없다.
10. 너는 어떤 종류의 음식을 요리하고 싶니?
11. 난 니 곁을 떠나고 싶었다.
12. 왜 너는 그녀와 결혼하기를 원하니?
13. 그들은 우리에게 편지를 쓴 적이 있다.
14. 난 어제 너의 가게에 가고 싶었다.
15. 나를 믿어! 난 너를 돕고 싶어.
16. 그들은 일본어 공부를 꼭 하지 않아도 됐었다.
17. 왜 그녀는 중국으로 가버렸니?
18. 우리는 너희들과 싸우고 싶지 않았다.

> 말이 잘 나오지 않는다면 다시 자신없는 부분으로 아자!

Do you speak English fluently?
유창하지 않다면, 유창해질 때까지…

1. I have some flowers in this bag.
2. I used to play baseball. But I don't now.
3. I must be a genius*.   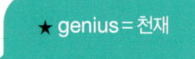 ★ genius = 천재
4. How did you go there?
5. After the surgery*, I will be like Tom.   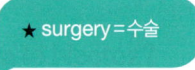 ★ surgery = 수술
6. She has studied English since she was 11 years old.
7. May I answer your question?
8. He used to be a famous singer.
9. I can't watch this terrible movie anymore.
10. What kind of food do you want to cook?
11. I wanted to leave you.
12. Why do you want to marry her?
13. They have written to us.
14. I wanted to go to your store yesterday.
15. Believe me! I want to help you.
16. They didn't have to study Japanese.
17. Why has she gone to China?
18. We didn't want to fight with you.

영어로 채팅할 때 쓰이는 표현들!

한국말로 채팅할 때도 채팅 언어가 있다. 채팅을 해보지 않은 사람은 알아듣기 힘든 것들도 많이 있다.

예를 들어 ㅋㄷㅋㄷ, 부끄부끄, ㅋㅋㅋ, 여친(여자친구), 남친(남자친구) 등은 386세대나 그 윗세대들은 모르기 쉬운 표현들이다.

물론 영어로 채팅할 때도 이런 채팅언어들이 있다.
그 중 내가 아는 몇 가지만 소개해본다.
대학교 1학년 때 이후로 영어 채팅을 한 적이 없기 때문에 나도 모르는 게 더 많다.
여러분이 인터넷에서 직접 찾아보는 것도 재미있을 것이다

LOL = Laughing out loud의 줄임말로 크게 웃는 것을 뜻한다.

bf, gf = boyfriend, girlfriend의 줄임말로 남자친구, 여자친구를 뜻한다.

B4N = Bye for now, 이젠 안녕

CU = See you, 안녕

F2F = Face to Face, 직접 보고

이런 기본적인 표현들을 알고 영어 채팅 방에 들어가보자.
미국 야후 사이트라든지 그 외에 수많은 미국 채팅 사이트에 가입도 해보고 채팅도 해보길 바란다.
그리고 새로운 표현이 있으면 J에게도 귀띔해주길 바란다. LOL :)

DAY-26 일차

오늘부터는 **일상적인 대화** 표현을 공부한다.
두 명 혹은 그 이상이 참여하는 대화인데 상대가 있으면 좋겠지만 대부분 독자들은
혼자 공부하니까 그냥 1인 2역 한다는 생각으로 하면 좋을 것이다.
실제로 저자 본인이 유학 초기에 했던 대화들이므로 자연스럽게 자기 자신이
J가 되어 말해보자. 꼭 정답은 없다.

의사소통이 이루어지도록 하자는 게 목적이므로 의사소통하는 데 주력하자.

문법적으로 올바른 표현인지 또 예의에 어긋나는 표현인지는 중요하지 않다.

DAY-26

아래는 J의 고등학교 여자친구
Sayaka와의 대화이다.

J 사야카! 너 내일 나랑 런던 갈래?

S 왜? 나 바쁜데. 나 숙제를 해야만 해.

J 나 너랑 쇼핑하려고 했는데.

S 너 나에게 뭐 사줄 거야?

J 만약에 네가 같이 가면 반지 하나 사주려고.

S 진짜로? 너 거짓말이지?

J 나 절대로 거짓말하지 않는 거 너도 알잖아.

S 그럼. 나 너랑 같이 갈게. 숙제는 오늘 할 거야.

J 우리 기차 탈까, 버스 탈까?

S 나 기차 타고 런던 가본 적이 있어. 너무 오래 걸려.

J 그래? 그럼 버스 타고 가자.

S 근데, 버스 정류장이 어디야?

J 그건 월마트 옆에 있어.

S 너 몇 시에 거기로 올 수 있어?

J 아침 8시. 너무 이른가?

S 아니야. 런던까지 4시간은 걸릴 거야.

J 그럼 내일 아침 8시에 보자.

S 그래, 내일 봐!

> 런던은 한국의 서울과 같은 곳이다. 그래서 근교의 중소 도시에서 쇼핑을 하러 런던으로 오는 경우가 많다.

DAY-26 생각보다 쉬웠을 것이다.
특히 1탄을 보신 분들이라면 더 쉬웠을 것이다.

J Sayaka! Do you want to go to London with me tomorrow?

S Why? I am busy. I have to do my homework.

J I wanted to go shopping with you.

S What will you buy me?

J If you come with me, I want to buy you a ring.

S Really? You are lying?

J You know I never lie.

S OK. I will go with you. I will do my homework today.

J Shall we take a train or a bus?

S I have been to London by train. It takes too long.

J Really? Then let's take a bus.

S By the way, where is the bus stop?

J It's next to Wallmart.

S What time can you be there?

J 8 o'clock in the morning. Is it too early?

S No. It will take 4 hours to London.

J Then I will see you at 8 tomorrow morning.

S OK, see you tomorrow!

Was it too easy?

DAY-26

시작이 있으면 끝이 있다. 오늘은 영국에서 미국으로 떠나기 전 **Sayaka와 나누는 대화**이다.

J 사야카, 난 미국에 가야만 해.

S 나도 알지만 너무 슬퍼. 나도 너랑 같이 가고 싶어.

J 하지만 넌 고등학교를 영국에서 마쳐야 되잖아.

S 나도 알아. 이 바보야. 네가 무척 그리울 것 같아.

J 나도 마찬가지야. 내가 전화할게.

S 넌 커서 어디서 살고 싶니?

J 난 한국에서 살 거야. 너는?

S 나도 한국에서 살고 싶어.

J 하하하. 넌 한국말도 못하잖아.

S 난 대학에서 한국어를 배울 거야.

J 알았어! 자주 전화해!

S 나 너한테 매일 편지할 거야.

J 나도 너한테 자주 편지할게.

S 너 꼭 가야만 하니, 제이?

> 고등학교 때 절친했던 친구 Sayaka. 지금은 미국에서 공부를 하고 있다.

J 그래. 미안해.

S 커서 뭐가 되고 싶은데?

J 나는 사업가가 되고 싶어.

S 영국에서도 사업가가 될 수 있잖아.

DAY-26
아래 영어를 책 읽듯이 읽지 말고,
감정을 넣어 연기하듯 말하자!

- J Sayaka, I have to go to America.
- S I know, but I am so sad. I want to go with you.
- J But you have to finish high school in England.
- S I know. You're silly. I will miss you so much.
- J Me, too. I will call you.
- S Where do you want to live when you grow up?
- J I will live in Korea. How about you?
- S I want to live in Korea, too.
- J Hahaha… You can't even speak Korean.
- S I will learn Korean in university.
- J OK! Call me frequently!
- S I will write to you everyday.
- J I will also write to you often.
- S Do you have to go, Jay?
- J Yes. I am sorry.
- S What do you want to be when you grow up?
- J I want to be a businessman.
- S You can be a businessman in England, too.

> 만남은 쉽게 찾아오지만 헤어짐은 항상 어렵다.

궁금합니다. 제가 말한 건 좀 다른데요?

J가 적어 놓은 영어 답안이 무조건 정답은 아니다. 다만 여러분이 배운 범위 안에서 최대한 자연스러운 표현을 사용하였다. 그러나 항상 말하듯이 언어의 목적은 의사소통이므로 자기 자신의 답이 의사소통에 전혀 문제가 되지 않는다면 그것도 정답이다. 전에도 말했듯이 영어는 같은 말이라도 여러 가지 다른 형태로 말할 수 있다.

그러므로 꼭 정답이 하나일 리 없다.

J의 답과 판이하게 다르다면 주변에 영어 잘하는 사람에게 물어보아도 좋다. 주변에 물어볼 사람이 아무도 없다면 J에게 이메일을 보내 물어보아도 좋다. 1주일 안에 답을 메일로 해드릴 것을 약속한다.

그리고 26일차부터의 대화는 우리말 대사 부분을 좀더 부드럽게 표현하였다. 즉 어떤 부분은 의역된 부분이 있다는 말이다. 알아서 쉽게 풀어 생각하고 말하길 바란다.

J의 영어로 말하기의 핵심은

쉽게 생각하여 풀어 말하는 것이다!

DAY-27 일차

대화해 보니까 어떤가?
얼핏 느끼기엔 수준이 1탄 후반에 나오는 대화와 비슷하게 느껴질 수도 있다.
하지만 여러분은 이제 유치원 수준이 아닌 초등학생 수준으로 말하고 있다는 것을 명심하자.
오늘은 **미국에서 대학에 다닐 때 나의
영국 가디언 Martyn 가족과의 통화 내용**을
가지고 말해보자.

명심하자!
여러분 자신이 J라는 생각을 하고 감정을 넣어 이야기해보자.

DAY-27
나에겐 친삼촌 같은 Martyn과의 전화통화 내용이다.

M 안녕하세요?

J 안녕하세요 마틴! 저예요 J.

M 오우, 잘 지냈니? 미국은 어때?

J 모든 것이 괜찮아요. 아저씨는요?.

M 난 매일 일해야 하지, 부자가 되고 싶으니까.

J 어쨌든, 수 하고 조는 어때요?

M 그들도 잘 있어. 너의 부모님은 어떠시니?

J 그분들도 잘 계세요.
아저씨가 여전히 가족 중에 제일 뚱뚱한가요?

M 아니. 수가 더 뚱뚱해. 하하하.

J 믿을 수 없는데요. 아저씨가 가장 뚱뚱한 것이 틀림없어요.

M 넌 어때? 여전히 말랐니?

J 아뇨. 요즘 살이 찌고 있어요.

M 그렇구나. 넌 언제 영국에 올 수 있니?

J 잘 모르겠는데요. 아마 내년쯤이요.

M 난 너를 빨리 보고 싶구나.

J 저도 그래요. 제가 수랑 통화할 수 있을까요?

M 물론. 몸 건강해라!

> 통화는 얼굴을 보면서 대화하는 것이 아니라 더 어렵게 느껴진다. 하지만 잘 듣고 자신있게 말하면 어렵지만도 않다.

DAY-27

아래를 J가 되어 이야기해보자. 오랜만에 전화 통화하는 것이니까
기쁜 목소리로 말해보자!

- M Hello?
- J Hi! Martyn. It's me, Jay.
- M Oh, how are you? How is America?
- J Everything is fine. How about you?
- M I have to work everyday, because I want to be rich.
- J Anyway, how are Sue and Jo?
- M They are fine. How about your parents?
- J They are fine, too.
     Are you still the fattest in your family?
- M No. Sue is fatter. Hahaha.
- J I can't believe you. You must be the fattest.
- M How about you? Are you still thin?
- J No. I am getting fat.
- M I see. When can you come to England?
- J I don't know. Maybe next year.
- M I want to see you soon.
- J Me too. May I speak to Sue, please?
- M Sure. Take care!

> 아직도 전화 통화하는 마틴 가족. 내겐 너무나 고마운 분들이다.

DAY-27

이젠 전화 바꿔서 **Sue와 통화**하는 내용이다.
Sue는 Martyn의 부인이다.

S 안녕 J.

J 안녕하세요, 수!

S 너 어디니?

J 전 제 아파트예요.

S 너 집을 산 거니?

J 아뇨. 임대했어요.

S 미국 볶음밥은 먹어봤니?

J 아니요. 왜요?

S 아무것도 아니야. 학교는 어떠니?

J 제 마음에 들어요. 전 여기서 좋은 학생이 되고 싶어요.

S 물론. 항상 최선을 다해라!

J 네. 조는 어딨어요?

S 조는 스코틀랜드에 있어. 거기서 대학에 다녀.

J 정말요? 잘됐네요.

S 그녀는 전공이 수학이야.

J 그렇군요. 그녀가 언제 집에 올까요?

S 모르겠다. 아마도 7월에.

J 알았어요. 7월에 다시 전화할게요.

> 영어로 말하기가 너무 쉬운가? 쉽다면 여러분이 여기까지 너무 잘따라온 것이다. 힘내자!

DAY-27

아래 문장들을 **실제로 통화하듯이** 말해보자.

- S Hi! Jay.
- J Hello, Sue!
- S Where are you?
- J I am in my apartment.
- S Did you buy it?
- J No. I rented it.
- S Have you ever eaten American fried rice?
- J No, I haven't. Why?
- S Nothing. How is your school?
- J I like it. I want to be a good student here.
- S Sure. Always do your best!
- J Yes. Where is Jo?
- S Jo is in Scotland. She goes to a university there.
- J Really? That's good.
- S She majors in* math.
- J I see. When will she come?
- S I don't know. Maybe in July.
- J I see. I'll call you again in July.

★ major in
= ~을 전공하다

영어 교육자들에게 쓴소리?

저자 본인을 포함한 수많은 영어 교육자들은 매너리즘에 빠지기 십상이다. 어느 순간에는 학생에게 도움이 되는지는 관심이 없고 그냥 아무 생각 없이 가르치는 것이다.
그리고 책을 출판할 때도 겉만 화려하게 치장하고 여기저기서 내용을 짜집기해서 쓰는 경우도 많다는 것이다.
영어 교육자들 스스로 안철수 선생님의 책 제목과 같이 정말
영혼이 있는 승부를 펼쳤으면 하는 바람이다.
한 시간을 가르치더라도 또 책 한 권을 출판할 때도 자기 자신의 영혼을 담는 그런 한국의 영어 교육자들이 많아지기를… 더 많은 영어 교육자들이 이런 생각을 가지기 시작할 때 한국의 영어 교육은 더 이상 10년을 공부해도 간단한 말 한마디 못하는 그런 경쟁력 없는 과목이 되지는 않을 것이다. 저자 본인이 자신있게 말하고 싶은 것은 1년이면 영어를 어느 정도 정복하는 것이 가능하다는 것이다.
그런데 10년 공부하고도 입을 열지 못하는 우리의 현실. 왜일까?
그 책임은 확실히 영어 교육자들에게 있다고 말하고 싶다.

영어 교육자 여러분 같이 열심히 합시다!

DAY-28 일차

와우! 이젠 3일차만 더하면 3030English 2탄도 끝이다!
때론 힘든 적도 있었고 지루한 적도 있었지만 여기까지 따라온 당신은 정말
J본인에게는 150점짜리 학생이다. 너무 고맙습니다!
오늘은 J본인이 영국에 있을 때 세계 최고라는
해로즈 백화점에 가면서 또 물건을 사면서 하는 대화들이다.

최면을 걸자! 나는 J다. 나는 J다.
그리고 지금 나는 런던의 유명 백화점을 방문 중이다.
그러고 나서 감정을 넣어 말해보자!

촌놈 J, 해로즈 백화점에 찾아가다.

- J 실례합니다. 어떻게 해로즈에 가나요?
- P1 워털루역 아세요?
- J 그럼요.
- P1 워털루에서 내려서 택시를 타세요.
- J 고맙습니다. 먼가요?
- P1 아뇨. 5분밖에 안 걸릴 거예요

(택시 안에서)

- J 해로즈에 가고 싶어요.
- T 알았어요. 왜 가시는 거예요?
- J 최고의 백화점을 보고 싶어서요..
- T 뭘 살 거예요?
- J 신발 한 켤레 사고 싶어요.
- T 틀림없이 비쌀 거예요.
- J 알아요. 그래서 걱정돼요.
- T 여기 다 왔습니다. 4파운드입니다.
- J 여기 있어요. 잔돈은 가지세요.
- T 고마워요. 즐거운 쇼핑하세요!
- J 고맙습니다.

> 외국에 나가서 택시 탈 때 너무 긴장하지 마래! 시간은 당신 편이다.

DAY-28

어떤가 대화가 너무 쉽지 않은가?
당신도 가서 이렇게 **대화할 수 있다.**

J   Excuse me. How can I get to Harrods*?

P1   Do you know Waterloo station?

★ 런던에 있는 해로즈(Harrods) 백화점은 세계 최고라는 명성을 가지고 있다.

J   Sure.

P1   Get off at Waterloo and take a cab* there.

J   Thank you. Is it far?

★ take a cab
= 택시를 타다

P1   No. It will only take 5 minutes.

(In the Taxi)

J   I want to go to Harrods.

T   Yes mate.* Why are you going there?

J   I want to see the best department store.

★ 친구란 표현으로 영국에서 자주 사용된다.

T   What will you buy?

J   I want to buy a pair of shoes.

T   They must be expensive.

J   I know. So I'm worried.

T   Here we are. It's 4 pounds.

J   Here you are. Keep the change.

T   Thank you. Enjoy shopping!

J   Thank you.

DAY-28

아래는 백화점 내부에 들어가서
물건을 고르면서 J가 대화하는 내용이다.

- J 발리 매장은 어디 있나요?
- C1 2층 에스컬레이터 바로 옆에 있어요.
- J 고맙습니다.
  이거 참 좋군요. 얼마인가요?
- C2 250파운드입니다.
- J 오우 아주 비싸군요. 편안한가요?
- C2 물론이죠. 세계 최고의 신발인데요.
- J 10사이즈 있나요?
- C2 체크해 볼게요. 있습니다. 한번 신어 보실래요?
- J 네.
- C2 어떠신가요?
- J 아주 좋습니다. 아주 편안하네요. 사겠습니다.
- C2 당신은 분명히 한국인인 것 같습니다.
- J 맞습니다. 어떻게 아시죠?
- C2 전 한국 친구가 많거든요.
- J 여기 제 직불카드입니다.
- C2 네. 잠시만 기다리세요.
- J 물론이죠.

> 영어로 쇼핑하는 거 어려울 거 없다. 손님은 왕이니까!

DAY-28 어렵게 말해야 잘하는 것은 아니다.
목표는 의사소통일 뿐이다.

J   Where is Bally?

C1   It's on the second floor right next to the escalator.

J   Thank you.

J   These are very nice. How much are they?

C2   They are 250 pounds.

J   Oh, so expensive. Are they comfortable?

C2   Sure. They are the best shoes in the world.

J   Do you have a size ten?

C2   I will check. We have them. Do you want to try them on?

J   Yes.

C2   How do they feel?

J   Very good. Very comfortable. I will take them.

C2   You must be Korean.

J   Yes. How do you know?

C2   I have many Korean friends.

J   Here is my debit card★.

C2   Yes. Wait a minute.

J   Sure.

★ debit card
=직불카드

세계 최고라고 칭송받는 Harrods 백화점

신문에서 보았는데 Harrods는 무엇이든지 살 수 있는 곳이라고 한다. 심지어 비단 코끼리까지도. 그렇다고 백화점에 코끼리가 있는 것은 아니다. 주문을 하면 가져다 준다는 것이다. 그러니까 Harrods가서 코끼리를 찾는 일이 없도록. 저자 본인도 Harrods에 여러 번 가보았는데, 아주 웅장하고 고풍스러워 '아~ 좋은 백화점이구나' 하는 생각은 든다. 하지만 본인은 한국인이라 그런지 몰라도 한국 백화점이 더 좋은 것 같다. 아기자기해서 많이 걸을 필요도 없고. 그리고 웬지 한국 백화점이 더 정리가 잘된 듯한 느낌을 받는다. 참고로 다이애나 왕세자비의 사망 전 남자친구가 Harrods백화점 회장님의 아들이었단다.

어쨌든, Harrods는 영국에 가면 꼭 들러볼 만한 곳이다.

정문에 무서운 경비원이 서 있다.
좀 수상하다 싶으면 막아서서 몇 가지 질문을 할 수도 있다.
옷을 부티나게 입고 가든지 아니면 질문에 당황하지 말고 대답하자.

DAY-29 일차

오늘은 J가 친구 마크와 심오한 이야기를 하는 내용이다.
미국서 만난 친구로서 요즘은 연락이 뜸한 마크.
몸집은 엄청나게 크고 마음씨는 정말 비단결처럼 고운 그런 친구다.
요즘, 어떻게 지내고 있는지 정말 궁금한 친구 마크!

자 이제 2일만 더 하면 즐거운 J와 영어로 말하기 시간도 끝이다.
**마지막까지 최선을 다해
유종의 미를 거두자!**

종교에 대한 J와 Mark의 심오한 대화

M 제이야! 너 어떤 종교를 믿니?

J 난 기독교인이야. 넌?

M 난 무신론자야.

J 그래? 무신론자가 뭐야?

M 무신론자는 아무 종교도 믿지 않는 사람이야.

J 오우. 너 교회 가본 적 있니?

M 응. 나 고등학교 때.

J 좋지 않았니?

M 응. 너무 시끄러웠어.

J 나의 교회는 조용해. 이번 주 일요일에 올래?

M 아니. 나 바쁠 거야.

J 나의 교회에는 예쁜 여자가 많은데.

M 그렇다면 난 꼭 가야지.

J 넌 좋아할 거야.

M 예배가 몇 시에 시작하니?

J 10시에 시작해.

M 운전해서 갈 거야?

J 물론. 내가 9시에 널 데리러 갈게.

> 마크는 여자 보러 교회에 왔다가 J보다 교회에 더 열성을 보이는 재미있는 친구.

DAY-29

아래는 그냥 눈으로 보고 넘어가면 안 된다.
큰소리로 대화하듯 말해보자!

M   Jay. What religion* do you believe in?

J   I am Christian. How about you?

★ religion = 종교

M   I am atheist*.

★ atheist = 무신론자

J   Really? What is atheist?

M   An atheist is someone who doesn't believe in any religion.

J   Oh. Have you been to a church?

M   Yes, I have. When I was in high school.

J   Didn't you like it?

M   No. It was too noisy.

J   My church is quiet. Do you want to come this sunday?

M   No. I will be busy.

J   There are many beautiful girls in my church.

M   Then I have to go.

J   You will like it.

M   What time does the service start?

J   It starts at 10 o'clock.

M   Will you drive there?

J   Sure. I will pick you up at 9.

Mark가 J에게 Nina를 소개시켜주는 대화

M 니나, 이쪽은 제이야. 내 한국인 친구야.

N 안녕, 제이! 만나서 반가워!

J 나 역시 만나서 반가워!
너 미시간 대학에 다니니?

N 아니. 나 클럽 Nectoz에서 일해. 너 Nectoz에 가봤니?

J 물론. 난 종종 내 친구 데이비드와 함께 가.

N 다음에 오면 바에서 날 찾아.

J 물론 그렇게 할게. 너 공짜 술 줄 거니?

> 니나는 독일 계통 미국인이라는데 완전 금발 미녀였다.

N 문제없어. 난 바 매니저야.

J 멋지군! 나 이번 금요일에 데이비드와 거기에 가야만 할 거 같다.

N 데이비드가 누구야?

J 그는 매일 클럽 가는 것을 좋아해. 그는 여자들을 너무 사랑해.

N 오우! 그는 바람둥이가 틀림없구나.

J 음, 그는 그렇게 되길 원하지. 근데 그런지는 모르겠어.

N 그는 잘생겼니?

J 음. 그는 자기 자신이 데이비드 베컴 닮았다고 생각해.

N 진짜 베컴 닮았니?

J 모르겠어. 내가 이번 금요일에 소개시켜 줄게.

DAY-29 당신 자신을 아래의 인물이라고 최면을 걸어라!

M   Nina, this is Jay. My Korean friend.

N   Hi, Jay! Nice to meet you.

J   Nice to meet you, too.
Do you go to University of Michigan?

N   No. I work at the club Nectoz. Have you been to Nectoz?

J   Sure. I often go there with my friend David.

N   Next time you come, find me at the bar.

J   Sure I will. Will you give me a free drink?

N   No problem. I am the bar manager.

J   Cool! I have to go there this Friday with David.

N   Who's David?

J   He likes to go to clubs everyday. He loves girls so much.

N   Oh! He must be a playboy.

J   Well. He wants to be. But I don't know if he is.

N   Is he handsome?

J   Well, he thinks he looks like David Beckham.

N   Does he really look like Beckham?

J   I don't know. I will introduce him to you on Friday.

> 클럽은 미국이든 영국이든 어딜 가도 재미있었다.

클럽 문화

요즘 유행하는 부비부비라든가 하는 클럽 문화가 한국에 유행하게 된 건 정말 얼마 되지 않았다. 어느 순간 홍대 주변을 중심으로 클럽 문화가 갑자기 확산되었다.
하지만 그 전까지 한국은 나이트와 부킹 문화의 천국이었다. 세계 여러 나라를 가보았지만 본 적도 들어본 적도 없는 부킹 문화!!
외국의 클럽은 그냥 다들 춤추다가 남녀가 자연스럽게 만나는 그런 식인데 비해 한국의 나이트클럽은 웨이터가 인위적으로 여자와 남자를 짝지어 주는 그런 문화였다.
물론 나도 가끔 부킹을 즐긴다. ㅋㅋㅋ
하지만 클럽의 선두주자라고 할 수 있는 영국에서 보면 알 수 있듯이 이런 한국의 나이트는 클럽이라고 보기 어렵다. 외국인이 와서 본다면 아마 깜짝 놀랄 것이다.
하지만 다행히 요즘 훨씬 건전한(?) "클럽" 문화가 번지기 시작하여 다들 진정한 클럽 문화를 즐기는 것 같다.
자, 공부도 좋지만 오늘 밤에는 홍대에서 한번 만나는 건 어떨까? ㅋㅋㅋ

DAY-30 일차

1탄에서 보았듯이 J는 한국에 와 있는 네이티브 강사를 많이 알고 자주 만나 친분을 유지한다. 나도 외국에 혼자 나가 살아 보았기 때문에 그들의 외로움을 잘 알 수 있다. 오늘은 J 강의의 마지막 날로서 **J가 외국인 강사 보나와 나누는 대화**이다.

자 여기까지 온 여러분 모두가 승자입니다.
독자 여러분 모두 짱 짱 짱!!

짱은 최고라는 뜻입니다.

DAY-30 아일랜드에서 온 영어 강사 Bona와의 대화

J   안녕 보나! 잘 지내니?

B   좋아. 넌 아직도 영어 가르치니?

J   아니. 더 이상 안 가르쳐.

B   그럼 뭐 해?

J   난 건설 회사에서 일해.

B   잘됐다! 나도 더 이상 영어 가르치고 싶지 않아.

J   왜? 문제가 뭐야?

B   난 원장이 싫어.

J   왜? 그는 착해 보이던데.

B   너 정신 나간 게 틀림없구나. 그는 비열해.

J   그래? 너 다른 학원으로 옮길래?

B   그럴 수 있어?

J   물론. 내 친구가 정철학원 주임 선생이야.

B   정말로?

J   응. 내가 전화해서 물어볼게.

B   고마워 제이.

J   별 소릴 다 듣겠다. 난 니가 한국에서 행복하길 원해.

B   넌 나의 천사임이 틀림없어.

> 요즘 보나는 새 직장에서 즐겁게 일하고 있다.

DAY-30 마지막 날이라서 신나는가?

J는 헤어질 생각을 하니 조금 슬프다.

J Hi Bona! How are you?

B I am fine. Do you still teach English?

J No. Not anymore.

B So what do you do?

J I work at a construction* company.

★ construction
= 건설

B Great! I don't want to teach English anymore.

J Why? What's the problem?

B I don't like my boss.

J Why? He looks kind.

★ mean
= 비열한, 야비한

B You must be crazy. He is mean*.

J Is he? Do you want to move to another institute*?

B Can I?

J Sure. My friend is a head teacher of Jungchul.

B Really?

★ institute
= 학원

J Yes. I will call him and ask.

B Thank you Jay.

J Don't mention it. I want you to be happy in Korea.

B You must be my angel.

Bona와 술집에서 맥주 이야기를 하다.

B 너 뭐 마시고 있니?

J 나 카스 마셔. 힌국 맥주야. 너도 마실래?

B 고맙지만 사양할게. 너 기네스 마셔 봤니?

J 아일랜드 맥주?

B 응. 세계 최고의 맥주지.

J 아니야. 버드아이스가 더 좋아.

B 오, 바보같이. 넌 맥주에 대해 아무것도 모르구나. 영국 맥주가 최고야.

J 네가 그렇게 말한다면야.

B 그건 잘 알려진 사실이야.

J 알았어, 알았어. 그럼 기네스 가져다줄까?

B 응, 부탁해.

(기네스를 마신 후에)

J 어때?

B 정말 좋아. 아일랜드 맛과 똑같아.

J 물론. 아일랜드로부터 온 거잖아.

B 그래? 난 한국에서 만들어진 줄 알았는데.

J 아니야. 다 수입된 거야.

> 세계 여러 나라의 맥주를 마셔 보는 것도 즐거운 경험이다.

Do you love beer? I do.

B What are you drinking?

J I am drinking Cass. It's Korean beer. Do you want to drink it?

B No, thanks. Have you tried Guiness?

J Irish beer?

B Yes. It's the best beer in the world.

J No way. Bud ice is better.

B Oh, silly. You don't know anything about beer. British beer is the best.

J Well, if you say so.

B It's a well known fact.

J Ok Ok. So shall I get you a Guiness?

B Yes, please.

(After drinking Guiness.)

J How is it?

B Absolutely great. Same taste as in Ireland.

J Of course. It came from Ireland.

B Is it? I thought it was produced* in Korea.

J No. It's all imported*.

★ produce = 생산하다, 제작하다

★ import = 수입하다

영어 공부를 멈추지 마세요!

영어는 언어이기 때문에 조금 쉬면 또 말하기 어색해져 버립니다.
항상 하루에 적어도 10분 정도는 영어로 말하는 습관을 들이세요. 지금 여기까지 이 책을 끝내신 여러분의 기분은 날아갈 것 같겠지만 더 부드럽고 자연스러운 영어를 구사하려면 아직 갈 길이 멉니다.
10년 미국에서 산 유학생도 영어에 관심을 갖지 않고 아는 것만 말하는 순간부터 영어 실력 향상은 바로 멈추게 됩니다. 그러니까 여러분도 멈추지 마세요

Never Stop!

매일 삶 속에서 이건 영어로 뭘까? 저건 영어로 뭘까?
그런 마음가짐으로 영어에 관심을 가지길 바랍니다. 여기까지 따라왔는데 책에 불만이 있으신 분은 이메일 부탁드립니다. 또 정말 도움이 되신 분들도 이메일 부탁드립니다.
제 이메일 주소는 앞부분의 "책 보증서"에 나와 있습니다.

여러분 모두 영어를 정복하시길 바랍니다.

OUTRO

사실 1탄을 쓰면서 2탄은 절대 쓰지 않겠다는 마음을 먹었었다.

딱 한 권으로 테이프도 없이 여러분이 영어를 정복하게 하고 싶다는 욕심 때문에. 하지만 수많은 독자들의 2탄에 대한 문의와 기대에 이렇게 다시 펜을 들게 되었고, 2탄을 쓰게 되었다. 2탄은 정말 이메일을 보내주셨던 1탄 독자들이 있었기에 탄생이 가능했다고 꼭 말하고 싶다.
이메일로 독자들과 의견을 주고받으며 내가 느낀 것은 독자 여러분과의 FEED BACK이 중요하다는 생각이었다. 이런 말을 하는 이유는…
나 J는 여러분의 이메일을 기다린다. 여러분의 답답함과 필요함과 조언을 기다린다.
1탄에서 그랬던 것처럼 필요한 내용은 그때그때 더 추가시킬 것이며 또 필요하다면 여러분의 필요와 요구에 맞는 정말 도움이 되는 책이 탄생할 수도 있을 것이다.
수많은 감사와 조언의 이메일을 보내주신 1탄 독자여러분들께 다시 한번 감사드린다.

I LOVE YOU

하나님 아버지 완전 사랑합니다.
부모님 사랑합니다.

부모님과 함께하는 인생이 행복합니다.
내가 항상 그리워하는 나의 스승이자 친구인 기영이형 사랑해.
독일 보쉬본사 몸짱 종원이형, 연대킹카 영욱이형 사랑해
교석이형과 정선이누나 축복하고 사랑하고, 음 교석 주니어를 기다림.
영어학원 원장으로 새롭게 인생을 시작하는 권동욱 사랑한다.
영국에서 공부하는 동영아 사랑한다(아직도 런던 주먹짱인가?).
최목사님과 교회 식구들 사랑합니다.
경원대 종우+현구(덤엔 더머), 민철이, 수제자 창열이, 매트릭스 조원들
케냐의 최인호형, 수원의 이종호형(빨리 건강했음)
그리고 성일이형 모두 사랑합니다!!!

영어 출판에 대해서 인생에 대해서 많은 아이디어를 주는
영어 출판계의 신동(근거없음) 권기현형(현재 은둔 생활 중) 고맙습니다.
그리고 정세라 팀장님께도 감사드립니다.

아참! 아침햇살님과 도반님들도 사랑합니다.

이 세상에서 사랑을 빼면 아무것도 없습니다.
당신들이 있어 오늘도 다시 힘을 얻어 힘차게 사랑합니다.

모두모두 사랑합니다.